上海检察文库

检察业务论丛

大数据领域互联网企业滥用市场支配地位认定问题研究

Dashuju Lingyu Hulianwang Qiye
Lanyong Shichang Zhipei Diwei Rending Wenti Yanjiu

郭勇辉 ◎ 著

中国检察出版社

图书在版编目（CIP）数据

大数据领域互联网企业滥用市场支配地位认定问题研究 / 郭勇辉著 . — 北京：中国检察出版社，2024.1

ISBN 978-7-5102-2818-6

Ⅰ.①大… Ⅱ.①郭… Ⅲ.①互联网络—反垄断法—研究—中国 Ⅳ.①D922.294.4

中国国家版本馆 CIP 数据核字（2024）第 067157 号

大数据领域互联网企业滥用市场支配地位认定问题研究

郭勇辉　著

责任编辑：侯逸霄
技术编辑：王英英
封面设计：龙　惠

出版发行：中国检察出版社
社　　址：北京市石景山区香山南路 109 号（100144）
网　　址：中国检察出版社（www.zgjccbs.com）
编辑电话：（010）86423796
发行电话：（010）86423726　86423727　86423728
　　　　　　（010）86423730　86423732
经　　销：新华书店
印　　刷：北京联兴盛业印刷股份有限公司
开　　本：710 mm×960 mm　16开
印　　张：11.75
字　　数：194 千字
版　　次：2024 年 1 月第一版　　2024 年 1 月第一次印刷
书　　号：ISBN 978-7-5102-2818-6
定　　价：38.00 元

总　序

"实践没有止境，理论创新也没有止境。"注重发挥理论研究对检察工作的先导性、基础性、统摄性作用，及时为检察实践和改革创新提供高品质的理论支撑和智力支持，是上海市检察机关的优良传统，也是上海市检察机关推进新时代检察工作高质量发展，推进检察队伍革命化、正规化、专业化、职业化建设的重要抓手。

近年来，上海市检察机关持续学深悟透践行习近平新时代中国特色社会主义思想，全面贯彻习近平法治思想，发扬上海检察理论研究根植实践、勇立潮头、锐意创新、笃行致远的理论品格，依托"大调研""大研究"工作格局，不断深化理论研究与实务探索的良性互动，持续创新丰富课题制、年会制、论坛制等载体和平台，产生了一批较高质量的理论研究成果，在引领理念、辅助决策、服务办案、助推改革等方面发挥了积极作用，为推动新时代上海检察工作行稳致远提供了有力支撑。

"上海检察文库·检察业务论丛"系列丛书以"理论建设与业务建设相辅相成、学术研究与实践应用统筹兼顾"为目标，主要择优收录本市检察业务专家、检察理论骨干人才和在本市检察系统挂职学者，就新时代检察机关法律监督工作相关重点问题撰写的专著、译著，旨在为检察官构建更为广阔的检察研究成果展示交流平台，以文见人、以文树人，建设高质量检察智库。

丛书编录秉持放眼全局、立足实践，以展示检察学术研究成果的方式，生动展现上海检察官在推进全面依法治国、坚持和完善中国特色社会主义检察制度，促进深化对检察工作基础性、战略性、全局性问题进行的深入思考、理论阐述和研究探索，以期形成既有学科覆盖面与研究的系统性，又具有鲜明的时代特征、检察特质和上海特色的检察理论研究成果体系，从而为推动新时代检察工作高质量发展，更好发挥法治固根本、稳预期、利长远保障作用提供理论支撑和智力支持。

理论是实践的先导、行动的指南。当前，世界百年未有之大变局加速演进，世界之变、时代之变、历史之变的特征更加明显。党的二十大开启全面建设社会主义现代化国家新征程，面对高质量发展对高水平法治保障新要求，面对人民群众在民主、法治、公平、正义、安全、环境等方面更趋多元多样的需求，迫切需要从检察理论和实践的结合上深入回答关于中国式现代化进程中法治保障的时代课题。上海检察机关将把牢宪法对检察机关的职责定位和上海在国家改革发展大局中的战略定位，以时不我待"争一流、走在前、排头兵"的担当，不断推进理论探索和创新，为在法治轨道上全面建设社会主义现代化国家贡献检察力量。

由于水平有限，难免纰漏，不当之处，敬请批评指正。

"上海检察文库"编委会

2022 年 12 月

目录
contents

第一章 绪 论

第一节 选题背景与研究意义

一、选题背景

近年来，随着智能手机的普及，普通个体也能够随时随地发布数据。文字、图片、音频、视频等半结构化、非结构化的数据大量涌现，促使数据存储企业加快了在数据查询、分析、存储等方面技术的研究，大数据迎来飞速发展时期。2012 年左右，麦肯锡全球研究院的《大数据：下一个创新、竞争和生产力的前沿》研究报告的发布和维克托·舍恩伯格的《大数据时代：生活、工作与思维的大变革》等一系列关于大数据书籍的出版，使大数据产生的各种社会现象从概念上和理论上得到梳理。大数据概念逐步在全世界流行，并引发了政府部门、企业家和社会的广泛重视。与此同时，大数据从根本上改变了传统数据生成、存储、处理的方式，特别是基于大数据所产生的人工智能，为新形式的创新以及社会和经济机遇创造了更多的可能性。可以说，大数据深刻地改变和影响了人们的生活。通过大数据可以更加精准地了解消费者的需求、交通实时状况，甚至可以预测未来疾病流行情况。基于大数据运用而产生或发展的产品和服务也如雨后春笋般涌现，产生了特斯拉汽车、百度无人车技术、阿里智能仓库、讯飞翻译等一系列大数据产品。从制造业到服务业再到农业，大数据基本上影响着每一个行业。[①]大数据也成为了数字经济时代最重要的竞争资源，对于大数据的深度开发与利用，得到了各国企业家的重视，逐渐成为企业发展与创新的重要策略。各国企业纷纷把

---

① J. Crémer, Y. de Montjoye. & H. Schweitzer, *Competition Policy for the digital era*: *Final report*, Publications Office of the European Union, Luxembourg（2019）, https://ec.europa.eu/competition/publications/reports/kd0419345enn.pdf, 2020.

大数据作为经营业务中的一项重要产品或者服务。在世界上最大的一些企业当中，苹果、微软、亚马逊、谷歌、脸书、阿里巴巴、腾讯 7 家企业提供数字产品，或者产品至少与大数据有关。[①]

随着互联网企业的发展壮大与大数据的飞速发展，互联网企业在运用大数据过程中的滥用行为问题也开始产生。现实中，互联网企业的产品成为人们生活中不可或缺的工具，谷歌和百度是人们在互联网上查找信息和内容的主要手段，微信和 Facebook/WhatsApp 是人们相互联系和交流的主要工具，Amazon 和淘宝则是人们在互联网上购买商品的主要途径。[②] 同时，这些"巨无霸"平台企业又合并或者相互兼容其他互联网企业，如腾讯拥有搜狗、财付通等互联网企业，并投资了京东物流、自如、贝壳等各类互联网企业。阿里巴巴则拥有或投资了菜鸟网络、盒马生鲜、UC 浏览器等各类互联网企业。这些互联网企业利用自身的市场控制力主导市场竞争，并不断利用大数据强化或者滥用自己的市场力量。例如过度收集用户的隐私、实施大数据杀熟、拒绝出售大数据，甚至通过算法了解用户的爱好，通过精准投放广告或新闻影响用户对社会的了解和判断，垄断用户对信息的获取途径。这些行为对互联网市场的经济效率、公平竞争、消费者利益，乃至社会公共利益与公共安全都产生了潜在的威胁甚至现实的损害。[③]

大数据产生的市场损害行为也引发了社会各界在反垄断法上的关注。《经济学人》杂志刊登的一篇名为《规范数据经济——世界上最宝贵的资源》的文章就认为，一种全新商品孕育了一个快速发展且利润丰厚的产业，这使反垄断监管者不得不介入，以约束商品流动的控制者，这个商品过去是石油，现在是数据。[④]2020 年 12 月 11 日，我国中央政治局会议提出了反垄断工作主题，明确提出要加强规制，提升监管能力，坚决反对垄断和不正当竞

---

① PwC（2020），*Global Top 100 companies by market capitalisation*，https：//www. pwc.com/gx/en/audit-services/publications/assets/global-top-100-companies-june-2020-update.pdf，2020.

② J. Crémer, Y. de Montjoye & H. Schweitzer, *Competition Policy for the digital era*：*Final report*, Publications Office of the European Union, Luxembourg（2019），https：//ec.europa.eu/competition/publications/reports/kd0419345enn.pdf，2020.

③ 曾雄：《以 hiQ 诉 LinkedIn 案谈数据竞争法律问题》，载《互联网天地》2017年第 8 期。

④ 周慧：《如何监管数据寡头的垄断》，载《21 世纪经济报道》2017 年第 6 期。

争行为，并完善平台企业垄断的认定。这也意味着，在互联网企业逐渐强大，资本无序扩张，触角逐渐广泛，侵犯市场竞争和消费者权益行为日益严重的局面下，国家对互联网企业的监管逐渐由被动监管到主动规范，由包容性发展为主动监管与发展并重的政策转变。[①] 在这种政策的指引下，中央和地方反垄断部门也密集查处了部分互联网企业滥用市场支配地位行为，比如，2021 年 4 月 10 日，国家市场监管总局针对阿里巴巴集团实施"二选一"的滥用市场支配地位行为处以 182.28 亿元的行政处罚，2020 年 4 月 12 日，上海市场监督管理局针对上海食派士商贸发展有限公司实施"二选一"的滥用市场支配地位行为处以 116.86 万元的行政处罚，等等。

上述垄断行为主要还是互联网企业的一般滥用市场支配地位行为，并非大数据领域的滥用市场支配地位行为，其与传统滥用市场支配地位行为并无本质区别。数字经济时代，大数据逐步得到深度开发，数据要素和数字产品成为互联网企业市场竞争中最有利的法宝、最强大的竞争因素，在这样的背景下，围绕滥用大数据产生的纠纷接二连三出现，然而，中国的反垄断执法与司法领域尚未出现大数据领域的反垄断案件。事实上，我国互联网企业涉及滥用大数据行为并非不严重，近年来发生了一系列互联网企业滥用大数据的行为，比如，菜鸟网络与顺丰物流大数据之争、大众点评与百度滥用点评数据之争、华为与腾讯微信数据纠纷、新浪微博诉脉脉案、新浪微博诉今日头条案、淘宝诉美景不正当竞争纠纷案，等等。这些纠纷或案件都没有成为滥用市场支配地位的反垄断案件，最后以和解或者不正当竞争纠纷结案。在国外也发生了多起关于大数据的纠纷或者诉讼，如"People Browsr 诉 Twitter 案"、"hiQ 诉 LinkedIn 案"、谷歌购物案（Google Shopping case）、脸书过度收集用户数据案等案件，但是在处理这些纠纷或诉讼过程中也是存在很大争议或者在争议中不了了之（很多至今也没有结论）。在最近国际社会关于竞争的调查统计数据显示，各国反垄断机关针对数字市场滥用行为的 39 个案件中，只有 17 个案件进行了执法行动。[②] 之所以存在上述情况，当然有各方

---

① 孔祥俊：《论互联网平台反垄断的宏观定位——基于政治，政策和法律的分析》，载《比较法研究》2021 年第 2 期。

② James Mancini, *How can competition law tackle misconduct in digital markets*? https://oecdonthelevel.com/2020/10/14/how-can-competition-law-tackle-misconduct-in-digital-markets.

面的因素。然而，在本书看来，最主要的原因在于，在数字经济时代，大数据不同于传统产品的新特性对传统滥用市场支配的反垄断理论提出了重大挑战。人们对大数据在市场竞争中的特性、作用并不十分了解，反垄断执法、司法机关也无法将传统滥用支配地位的认定框架应用于大数据竞争的商业模式。也就是说，传统法律反滥用行为的认定依据、标准和方法并不完全适应数字经济时代互联网企业之间的竞争。具体而言，至少有三个方面的问题超出传统滥用市场支配地位的规制理论和实践认定框架。

第一个问题是，大数据领域滥用市场支配地位的性质（行为特征）是什么？大数据产生时间较短，滥用大数据行为更是近几年才发生。由于时间短，缺少经验的总结和理论的广泛探讨，社会对大数据性质和大数据领域的滥用行为的本质都缺少认识。比如关于大数据能不能产生市场控制力的问题，社会各界对此争议就很大。尽管很多人认为大数据能产生市场力量，但也有许多人认为，大数据具有非排他性、可复制性等特点，人人都能轻易获取，故不能产生市场力量。又比如，占据市场支配地位互联网企业在什么情况下涉及违法收集数据、滥用数据行为，社会也没有共识。还比如，互联网企业拥有大数据后可能侵犯个人隐私、损害个人信息安全，因此，规制滥用大数据的行为属于个人信息保护范畴，还是人身权保护范畴，或竞争法保护范畴？社会也存在激烈的辩论。再比如，收集到数据的互联网企业往往不愿意分享数据，而其他企业又希望通过网络爬虫抓取这些数据，因此，在数据抓取、使用行为规则上，哪些数据可以被抓取，哪些数据不能被抓取，哪些数据使用行为需要得到数据控制者的许可，哪些数据使用行为不需要得到数据控制者的许可？[①] 社会也没有定论。

第二个问题是，大数据领域滥用市场支配地位行为的认定框架如何改良或重构？反垄断机关要对滥用市场支配地位行为进行规制，必须按照一定的程序或者步骤认定企业构成滥用市场支配地位行为。在传统框架下，认定滥用市场支配地位行为离不开这样一种分析步骤：首先，要界定存在竞争关系的产品或服务属于同一个市场（相关市场界定）；其次，在这个竞争市场内认定产品或服务是否形成了市场控制力（市场支配地位认定）；最后，分析占据市场支配地位的企业是否有滥用行为，并造成了竞争损害（滥用行为及其竞争损害分析）。然而，这种分析框架主要以传统经济时代特别是工业

---

① 丁文联：《数据竞争的法律制度基础》，载《财经问题研究》2018 年第 2 期。

经济背景下的产品为分析对象，在数字经济时代，大数据与传统产品有着明显不同的特点。比如，大数据具有多归属性、可复制性；主要产生、使用大数据的互联网企业一般存在双边市场；拥有大数据的企业可以产生直接网络效应和间接网络效应；依托于大数据的市场竞争具有动态性特征，等等。因此，在大数据领域，按照传统的滥用行为认定框架，无论是对相关市场的界定，还是对市场支配地位的评估，抑或是对滥用行为的认定方法都面临挑战。有学者指出，大数据运用还处于发展过程中，大数据本身具有使用价值不确定性和差异性，而大数据能否增强市场力量，多大程度上增强市场力量，都没有统一的共识，因此，用传统的滥用行为认定步骤和标准进行分析，会使得相关市场界定、市场力量测度、市场效果分析变得模糊，大数据的竞争是否遵循传统竞争模式的"结构——行为——效果"逻辑也值得怀疑。①

第三个问题是，大数据领域规制滥用市场支配地位行为的目标是什么？明确大数据领域规制滥用市场支配地位的规制目标，从根本上决定了在数字经济时代需要采取的反垄断路径。一般认为，传统的反垄断目标是维护公平竞争、促进市场经济效率。然而，在数字经济时代，互联网企业的很多行为往往踏入侵犯消费者福利的范畴，比如侵犯隐私，因此，这也就提出了一个问题，在数字经济时代，是否需要将保护隐私等消费者的福利作为反滥用的一个重要目标，或者说是直接目标？另外，在当今时代，国与国之间的竞争往往表现为创新的竞争，在大数据基础上的创新亦能极大提升国家的经济效率和经济社会发展水平，因此，大数据领域在规制滥用市场支配地位行为时，是否应当在数字经济时代将创新目标作为一个重要因素加以考虑，也是值得思考的问题。

二、研究意义

基于数字经济时代大数据的发展、运用对传统滥用市场支配地位的规制理论和实践认定框架提出的三个问题，本书试图作出解答。在这种解答中，亦体现本书的研究意义。

---

① 丁文联：《数据竞争的法律制度基础》，载《财经问题研究》2018 年第 2 期。

（一）理论意义

尽管大数据的性质、滥用行为认定框架以及反垄断目标等问题都有理论或者司法案例进行探索、分析，但总体上来说，对上述问题还是缺少系统、全面、深入的研究。比如，在新浪微博诉脉脉案中，二审法院认为消费者产生的大数据使用权归属于互联网企业，"新浪微博将用户信息作为其研发产品、提升企业竞争力的基础和核心，实施开放平台战略向第三方应用有条件地提供用户信息，目的是保护用户信息的同时维护新浪微博自身的核心竞争优势。第三方应用未经新浪微博用户及新浪微博的同意，不得使用新浪微博的用户信息。"[1] 数据是由消费者产生，为什么这些数据最后却成为了互联网企业（平台）的专属，其他互联网企业反而不能用？[2] 新浪微博对数据必须在法律上拥有权利，才能谈论国家是否应该保护新浪微博的法律权利，不能因为收集付出了成本就成为独家拥有的借口。显然，法院的这种判断只有结论却没有基础理论作为支撑，让人们知其然，难知其所以然。

因此，本书试着对大数据领域互联网企业滥用市场支配地位存在的众多基础性理论难题进行分析、探索，并提出自己的合理化思考。比如，权责明确是对产品进行市场支配地位认定的前提，本书提出大数据作为新生事物，对其确权是一个制度选择的过程，故此，基于保护人身权利、经济发展平衡乃至国家安全的综合考虑，应当创建大数据权。还比如，本书提出，当前的反垄断目标是应该是消费者福利，这种福利应该包含经济利益和人身利益，只有这样，互联网企业利用大数据侵犯消费者隐私的行为才能被纳入反垄断框架。再比如，本书提出，互联网企业市场控制力的本质是限制消费者选择能力，互联网企业利用大数据所形成的市场控制力标准，不再要求占据绝对优势，形成支配地位，而是根据具体情况，可以通过支配地位、相对优势地位、市场必要设施等认定。通过对基础理论问题的分析，有助于提升对大数据领域互联网企业滥用行为本质的认识，从而推动大数据权的创建、消费者福利目标的引入以及市场支配地位的再定义等基础理论和前沿问题的思考和研究。目前社会缺少对大数据领域互联网企业滥用市场支配地位行为系

---

[1] 参见北京市知识产权法院（2016）京 73 民终 588 号民事判决书。

[2] 贾晓燕、封延会：《网络平台行为的垄断性研究——基于大数据的使用展开》，载《科技与法律》2018 年第 4 期。

统、全面的研究，本书聚焦于大数据领域互联网企业滥用市场支配地位行为认定这一特定领域进行思考和探索，在某种程度上填补了学术理论界和司法实践中对该领域研究的不足，同时亦拓展和丰富了我国大数据领域的反垄断理论，特别是规制大数据领域滥用市场支配地位的理论。

（二）实践意义

数字经济时代，大数据、算法、平台等新特征正在挑战工业经济时代滥用市场支配地位的认定理论和规则。新型的数据资产给认定滥用市场支配地位行为的立法和司法带来很多新课题，从界定相关市场到评估市场势力，再到从实质减损竞争的判断，原来的认定规则受到很大的挑战。[①] 因此，数字经济时代需要有新的竞争法。立法上还没有完全做好应对数字经济时代到来的准备，导致在执法过程中，大数据反垄断特别是规制大数据领域的滥用市场支配地位行为的执法乏力。比如，《反垄断法》《工商行政管理机关禁止滥用市场支配地位行为的规定》以及《反价格垄断规定》等涉及滥用市场支配地位的法律缺少互联网行业垄断、大数据垄断的内容。2019 年，国家市场监督管理总局公布了《禁止滥用市场支配地位行为暂行规定》，其中有多条规范涉及互联网企业滥用市场支配地位规制，但总体而言，该规章条文较少，效力层次不高。《反垄断法》2008 年施行针对数字经济的发展所产生的滥用市场支配地位认定问题，也需要在反垄断法中进行回应。[②] 本书把研究的重点放在大数据领域互联网企业滥用行为的认定问题上，通过对现有收集到的专家观点、相关案例进行总结，提出了相关市场的界定方法、市场力量的评估标准、滥用行为的认定依据和识别方法等一整套具体的、具有可操作性的策略建议和制度构想，为有关部门开展规制大数据领域互联网企业滥用市场支配地位的立法提供了参考，也为司法机关和执法部门办理或者查处有关案件提供了理论支撑和具体的分析路径。

[①] 杨建辉：《数字经济挑战反垄断规则》，载《互联网经济》2017 年第 7 期。
[②] 韩伟：《数字经济时代中国〈反垄断法〉的修订与完善》，载《竞争政策研究》2018 年第 4 期。

第二节　国内外研究综述

近年来，各行各业有关大数据的研究层出不穷。大数据问题在反垄断法中并不是一个新问题，各国出现的反垄断案例也不断把数据问题作为争议焦点。总体而言，大数据可能为企业带来竞争优势，但对各行业的作用不尽相同，在不同个案中所起作用也存在差异。因此，在大数据运用的初始阶段，大数据领域互联网企业垄断产生的损害效果并不明朗，对大数据领域互联网企业滥用市场支配地位的认定问题并没有引起学者重视，相关研究在国内乃至全球仍处于起步阶段。

一、国内外研究现状

通过对国内外的研究资料进行搜索、梳理、总结后发现，有关大数据领域互联网企业滥用市场支配地位的认定问题研究属于反垄断研究的一个分支，具体可以细分为以下几个方面。

（一）反垄断目标的研究现状

法律制度是上层建筑，它立足于经济基础，又服务于经济基础，并随着经济基础的变化而变化。反垄断法作为调整社会经济的法律，其价值、目标、功能也要随着经济社会的变革而作出相应调整，以适应经济、社会的发展。由于大数据给社会带来的颠覆性变革，社会各界已经认识到大数据的运用对市场竞争模式产生的重大改变，对社会福利产生的重大影响，因此，有部分学者提出，要在数字经济时代，随着互联网和大数据的发展，调整反垄断法的目标。

孔祥俊撰写的《论互联网平台反垄断的宏观定位——基于政治、政策和法律的分析》认为，随着互联网产业在资本、技术和商业模式上的巨大变化，导致平台化的互联网企业触角广泛，且扩张无序。作为肩负着重大的政治经济使命的反垄断法的目标、价值应随政治经济和社会条件的变化而变化，既要强化对互联网平台的监管和规范，又要服从和服务于我国数字经济的实质性发展利益，并始终以促进我国互联网产业创新发展和提升国际竞争力为目标。Marina Lao 在《加强消费者领域的反垄断执法》（Strengthening Antitrust Enforcement Within the Consumer Welfare Rubric）中认为，数字技术极大地造福了消费者和企业，并改变了全球经济的大部分。然而，这些大型数字平台在各自核心领域的主导地位及其在多个市场的活动广度令人不安。在没有竞争约束的情况下，占主导地位的在位者创新或发挥最佳业绩的动力较小。消费者也失去了选择的权利，失去了从扩大规模的新公司的潜在创新中获益的机会，一系列非经济、社会和政治弊病归咎于这些最大的数字公司肆无忌惮的权力。其主要原因在于，反垄断执法过于宽松，因此，要加强反垄断执法。①

不少学者提出了如何变革反垄断目标的具体建议。袁嘉、梁博文在《有效创新竞争理论与数字经济时代反垄断法修订》中认为，在数字经济时代，创新有着无比重要的意义，它是实现良好市场绩效和促进经济发展目标的必要途径，因此，应当以有效创新竞争理论重塑数字经济时代反垄断法的价值目标，在坚持消费者福利标准下，保护竞争和激励创新。②Marshall Steinbaum and Maurice E. Stucke 在《有效竞争标准：反垄断新标准》（The Effective Competition Standard：A New Standard for Antitrust）中认为，在目前的反垄断制度下，市场力量问题可能会进一步恶化，因此，需要一个新的标准来恢复竞争。有效的竞争标准作为一种替代方案，以恢复反垄断法的原始目的，维护竞争性市场结构。各机构和法院应将保护竞争性市场结构作为反垄断法的主要目标。③Lina M. Khan 在《亚马逊的反垄断悖论》（Amazon's Antitrust Paradox）中结合亚马逊垄断的例子，认为现行的反垄断框架——将竞争与"消费者福利"挂钩，不足以捕获现代经济中市场势力的结构。如果只通过产量和价格来衡量竞争，会忽视亚马逊的支配地位对竞争的负面影响。要衡量真实市场中特别是在线平台的竞争，必须分析市场的深层结构和动态。而这种分析，最重要的是审视竞争过程，比如评估企业的结构是否带来了特定的反竞争的利益冲突；企业是否能在不同的行业交

---

① Marina L，*Strengthening Antitrust Enforcement Within the Consumer Welfare Rubric*，CPI Antitrust Chronicle，2019.

② 袁嘉、梁博文：《有效创新竞争理论与数字经济时代反垄断法修订》，载《竞争政策研究》2020 年第 3 期。

③ Marshall Steinbaum & Maurice E.Stucke，*The Effective Competition Standard：A New Standard for Antitrust*，86 University of Chicago Law Review 595，University of Tennessee Legal Studies Research Paper No. 367，2019.

叉利用自己的市场支配地位；市场的结构是否允许或鼓励了掠夺性定价的运用。[1]

从国内外文献来看，因大数据运用引发的社会变革而提出反垄断目标需改变的文献总体上不多。从这些涉及大数据反垄断目标的文献中可以看出，不少人已经意识到，互联网经济时代的到来、大数据的广泛运用，导致传统意义上的反垄断目标应当适应社会变化作出调整。这些观点也表现为以下两个特点。一是从互联网企业发展给社会带来的不利影响，论述反垄断目标应当改变，讨论的立足点是互联网企业，而不是大数据。两者视角不同，得出的反垄断目标会有差别。从互联网企业角度看待反垄断目标，更容易得出要保持合理的市场结构，从大数据角度则不容易得出这个结论。二是更多的是对策性建议，讨论互联网企业变强变大后，应该如何改变反垄断目标，以规制互联网企业的不利影响，而不是分析目标与路径的关系，即反垄断目标的改变对判断构成垄断（滥用市场支配地位）是否会产生影响以及何种影响。

（二）互联网企业相关产品市场界定的研究现状

互联网企业相关产品市场界定问题本身又分为大数据确权、对哪一个产品市场进行界定以及相关产品市场界定的测试方法三个具体问题。

第一，对大数据确权问题的研究。大部分学者已经意识到大数据权属的确定对于市场竞争的重要性，并提出了对大数据进行确权的一些具体建议。陈永伟在《数据产权应划归平台企业还是消费者》中从经济学角度对大数据产权做出安排，认为大数据产权离不开效率，因此，必须考虑成本与收益之间的关系，并提出大数据使用规则可以借鉴卡拉布雷西（Calabresi）和梅拉姆德（Melamed）所提出的财产使用原则：财产规则、责任规则和不可转让性规则。[2]方燕在《经济学分析视域下的大数据竞争》一文中[3]，同样提出了对大数据使用借鉴卡拉布雷西规则。[4]周林彬、马恩斯在《大数据确权的法

---

① Khan L M, *Amazon's Antitrust Paradox*, 3 Yale Law Journal 710，2017.

② 陈永伟：《数据产权应划归平台企业还是消费者？》，载《财经问题研究》2018年第2期。

③ 方燕：《论经济学分析视域下的大数据竞争》，载《竞争政策研究》2020年第2期。

④ 根据该规则，对于大部分数据，应当使用责任规则，可以允许需求者使用，并与数据所有者探究相关报酬；至于重要的隐私性数据，可适用不可转让性规则，即便企业可以拥有它，也不可轻易将其转移给他人。

律经济学分析》中提出要从法律经济学的角度对大数据进行确权，特别是作为信息时代的产物，大数据在性质、权利内容和归属方面都存在众多空白。要发挥大数据的作用，就必须解决大数据的初始产权问题。[①] 丁文联在《数据竞争的法律制度基础》中认为，现有的法律制度如产权安排、使用行为规则和竞争规则都不能适应大数据使用、竞争的需要，要充分考虑大数据涉及隐私、商业秘密等特点，设计有利于大数据使用的收集、抓取规则，探索专门适用大数据的反不正当竞争、反垄断的分析认定框架。[②]

上述众多关于大数据确权的观点，大多着眼于利用大数据促进经济发展，即从经济学的角度去论述如何对大数据进行确权、设计大数据的相关使用规则，才更能保障经济的发展。但事实上，大数据不仅与传统的物有区别，它本身具有数据原料和数据产品两种属性，同时兼具物权、债权、人身权、知识产权甚至国家数据主权多种特性。大数据权应该是与物权、人身权或知识产权一样的基础性权利，因此，对大数据进行确权的过程中不仅要考虑大数据所带来的经济利益以及对市场竞争的影响，还要考虑大数据具有的多种形态涉及多种利益的平衡。

第二，对选择哪一个市场进行界定问题的研究。Jean Charles-Rochet 和 Jean Tirole 在《双边市场：进展报告》(Two-Sided Markets: A Progress Report) 和《双边市场中的平台竞争》(Platform Competition in Two-Sided Markets) 中首先提出互联网企业特别是互联网平台的双边市场理论，该理论被 David Evans 等学者所发展、深化，成为互联网企业反垄断执法的重要基础理论。在中国，最早提出互联网企业反垄断执法面临双边市场选择问题的是蒋岩波，其在《互联网产业中相关市场界定的司法困境和出路——基于双边市场条件》中指出，应该考虑互联网企业不同于传统企业的双边市场特征，基于利润来源确定相关市场的范围。[③] 面对多边或者双边市场，如何进行界定，目前还缺少共识。有人认为应该选择一边市场进行界定，侯利阳、李剑在《免费模式下的互联网产业相关产品市场界定》中认为，争议发生在

---

① 周林彬、马恩斯：《大数据确权的法律经济学分析》，载《东北师大学报（哲学社会科学版）》2018 年第 2 期。

② 丁文联：《数据竞争的法律制度基础》，载《财经问题研究》2018 年第 2 期。

③ 蒋岩波：《互联网产业中相关市场界定的司法困境与出路——基于双边市场条件》，载《法学家》2012 年第 1 期。

哪边，就选择哪边作为市场进行界定。[①] 有人认为应该考虑不同市场的具体性质来确定选择一个市场界定还是两个市场界定。Lapo Filistrucchi 等学者在《双边市场中的市场定义：理论与实践》（Market Definition in Two-Sided Markets：Theory and Practice）中认为，在选择界定市场时，必须考虑交叉网络效应的影响，而交叉网络效应对交易性双边市场和非交易性双边市场影响不同。在非交易性双边市场中，应该定义两个（彼此关联的）市场，在交易性双边市场中则只需界定一个市场。[②] 也有人认为，在有些能够识别市场力量的情形下，可以不进行界定市场选择。如钟刚在《平台经济领域滥用市场支配地位认定的证据规则思考》中指出，如果要界定相关市场的条件不足或者界定非常困难，但是现有证据能证明有长时间显著的损害后果，那么可以不界定相关市场，对于平台经济领域经营者的垄断行为直接认定。[③]

由上述这些观点可知，不少学者已经认识到，互联网企业由于具有双边或者多边市场，因此，在界定相关市场的范围时，需要考虑界定市场选择这一环节。但这些观点都是基于互联网企业或互联网平台的多边性和双边性，较少从大数据的角度进行考虑。尽管大数据领域滥用行为的主体是互联网企业，当涉及大数据相关市场界定时，亦与选择互联网企业的哪一边市场进行界定密切相关，但是，由于大数据所具有的独特特征，导致其与单纯的互联网企业界定市场的选择有一定区别。比如，很多大数据根本没有进入市场，

---

① 二位学者认为，单边市场分析法足以解决免费模式下的互联网产业相关产品市场界定的问题，互联网联网领域的双边市场实为单边市场。双边市场的免费边和收费边与单边市场的上游市场和下游市场相同，只不过单边市场的两边是纵向的"上－下"关系，双边市场的两边是横向的"免费－收费"关系。因为免费本身就是一种最具渗透力的广告，因而可以将双边市场的免费边视为收费边的上游市场，收费边为下游市场。争议发生在哪一边，就选择哪一边进行界定。如果争议在上游市场，则从这一边将相关产品市场界定为用户注意力或者其他；如果争议在下游市场，则从这一边将相关产品市场界定为广告市场或者其他。参见侯利阳、李剑：《免费模式下的互联网产业相关产品市场界定》，载《现代法学》2014 年第 6 期。

② Lapo Filistrucchi, Damien Geradin & Eric van Damme, et al, *Market Definition in Two-Sided Markets：Theory and Practice*, 2 Journal of competition law & economics 293, 2014.

③ 钟刚：《平台经济领域滥用市场支配地位认定的证据规则思考》，载《法治研究》2021 年第 2 期。

只是作为一种数据原料促使互联网企业形成市场竞争优势，没有进入市场，也就不存在市场问题和界定市场选择问题。目前，从相关文献来看，结合大数据特点考虑界定市场选择的理论探索几乎没有。

第三，对相关产品市场测试方法问题的研究。在选择哪一边市场进行界定后，涉及选择测试方法确定相关市场的具体范围问题。目前，关于这一点，学术界或司法实践部门并没有形成共识。有人提出盈利测试模式，如邹开亮、刘佳明在《大数据产业相关市场界定的困境与出路》中认为，这种盈利测试方法能够有效应对数字经济时代，价格因素在零价产品的相关产品界定中的负面作用，且较为便利。[①] 但这种模式的缺陷是，它只是一种模糊的测算方法，不能精确地测算出同类相关大数据市场的具体范围，因为有着同样的盈利模式不等同于有着同样的大数据产品（原料）。有人提出基于成本上涨的假定垄断者测试（Small but Significant and Non-transitory Increase in Cost，以下简称 SSNIC）。如杨东在《数字经济的理论突破与反垄断法的制度重构》中认为，用户是以自身的数据价值以及使用时间的流量价值（注意力）向平台进行了有偿给付，因此，应考虑以数据及流量对价支付为基础构建相关市场界定的新方法。[②] 但是，注意力成本的增加很难量化，也不适合评估一个在线平台的市场力量，因为这些成本并不构成其唯一或至少主要的收入来源。还有人提出了基于质量下降的假定垄断者测试方法（Small but Significant and Non-transitory Decrease in Quality，以下简称 SSNDQ）。如殷继国在《大数据经营者滥用市场支配地位的法律规制》中认为，理论界和实务界已经意识到该方法用"商品或服务质量下降"替代了"价格上涨"可能是一种选择，并针对大数据特征对该方法进行改良。[③]

（三）支配地位评估问题的研究现状

不少学者已经认识到，随着互联网企业的发展和数字经济时代的到来，对互联网企业市场控制力的评估方式和标准应当改变。这些研究的特点表

---

① 邹开亮、刘佳明：《大数据产业相关市场界定的困境与出路》，载《重庆邮电大学学报（社会科学版）》2018 年第 5 期。

② 杨东：《数字经济的理论突破与反垄断法的制度重构》，载《中国法学》2020 年第 3 期。

③ 殷继国：《大数据经营者滥用市场支配地位的法律规制》，载《法商研究》2020 年第 4 期。

现在两个方面：一方面，这些学者已经认识到互联网企业的双边市场或者互联网平台、大数据特征对市场控制力的评估起着重要的作用。Florence Thépot 在《在线搜索和社交网络中的市场力量：一个双边市场的问题》（Market Power in Online Search and Social Networking: A Matter of Two-Sided Markets）一文中认为，在线搜索和社交网络平台上，对市场力量的评估必须考虑到双边市场的特殊性，以及平台每一方特有的问题。市场力量还取决于进入壁垒的存在，必须考虑到这些行业所特有的网络效应的重要性。[①] David S. Evans 在《多平台、动态竞争和基于互联网的公司的市场力量评估》（Multisided Platforms, Dynamic Competition, and the Assessment of Market Power for Internet-Based Firms）中认为，一个多层平台的每一方的市场力量，无论是以涨价还是降价的形式，都受到另一方销售损失风险的制约，这往往会削弱双方的市场力量。为了提供对竞争约束的可靠评估，市场力量分析必须考虑平台参与者需求的相互依赖性，并在一个群体的参与是免费的情况下，更加关注非价格竞争。在评估多边平台的市场力量时，应谨慎使用市场份额。[②] 邹开亮、刘佳明在《试论大数据企业"市场支配地位"认定规则的困境及重构》中认为，大数据企业与传统企业有着明显的区别，它存在网络效应、兼容性和标准化以及锁定效应等特性，因此，认定大数据企业的市场支配力量，必须考虑市场、壁垒，改良市场份额认定方法，强化交易相对人依赖性等多种因素。[③]

另一方面，这些学者认为，在评估数字经济时代互联网企业、大数据产生的市场力量时，仍可以在传统的市场力量评估框架内进行调整、改良。Marco Gambaro 在《大数据竞争和市场力量》（Big Data Competition and Market Power）一文中认为，大数据对市场力量的影响并不足以构成决定性因素，互联网企业可以通过收集和处理大量个人数据，形成信息不对称，扩大竞争优

---

① Florence Thépot. *Market Power in Online Search and Social Networking: A Matter of Two-Sided Markets*, Social Science Electronic Publishing, pp.195-221, 2013.

② David S.Evans, *Multisided Platforms, Dynamic Competition, and the Assessment of Market Power for Internet-Based Firms*, University of Chicago Coase-Sandor Institute for Law & Economics Research Paper No. 753.

③ 邹开亮、刘佳明：《试论大数据企业"市场支配地位"认定规则的困境及重构》，载《郑州师范教育》2017 年第 6 期。

势，获得支配地位，并采取诸如一级价格歧视、个性化广告和人为降低服务质量等做法，这些做法有时可被视为竞争性滥用，但单凭数据很难保持真正的支配地位。①Hedvig K Schmidt 在《驯服悍妇：数字经济不需要新的市场力量定义》（Taming the Shrew：There's No Need for a New Market Power Definition for the Digital Economy）一文中认为，目前的法律对市场力的评估，没有必要专门针对数字经济行业进行调整。虽然数字经济可能显得陌生而狂野，但现行的竞争规则，特别是市场力量的法律定义，完全适应数字经济时代对大数据的要求。②

目前，对市场控制力的评估方法和标准的研究总体上还是停留在互联网经济时代的理论和实践框架中，并在此框架内，去考虑大数据对市场控制力的影响。事实上，随着大数据在市场竞争中的运用，大数据导致市场竞争的模式发生了改变，对市场控制力有着至关重要的影响。因此，现有的研究总体上缺乏大数据的视角，并缺乏以大数据特征为基础，系统构建市场控制力（支配地位）的评估方法和标准。

（四）大数据领域滥用行为（垄断法上的违法性）认定问题的研究现状

互联网企业在运用大数据的过程中可能构成侵犯人身权、财产权的滥用行为，也可能构成不正当竞争法上的滥用行为，亦可能构成反垄断法上的滥用行为。通过什么方法将大数据领域上述不同性质的滥用行为进行区分？换言之，以什么样的方法和标准识别、判断大数据领域的特定滥用行为属于反垄断法范畴上的滥用行为？目前，学术界和实践部门总体对此研究较少。但还是有一些文章涉猎到反垄断法范畴上大数据领域滥用行为的认定问题，主要集中在两个方面。

第一，提出将大数据剥削性滥用行为纳入反垄断法。韩伟在《数字经济

---

① Gambaro M, *Big Data Competition and Market Power*, 2 Market and Competition Law Review 99, 2019.

② Hedvig Schmidt, *Taming the Shrew: There's No Need for a New Market Power Definition for the Digital Economy*, Faculty of Law, Stockholm University Research Paper No.17, 2017.

中的隐私保护与支配地位滥用》①《数字经济时代中国〈反垄断法〉的修订与完善》② 中认为，随着数据与算法作为竞争要素地位的提升和数据驱动型业务的发展，在运用大数据过程中，创新和隐私保护问题成为反垄断过程中的显现问题。我国的反垄断法也必须跟着大数据的发展而改变，在修订过程中要拓展隐私与创新方面的非价格竞争维度和损害理论，并研究剥削性滥用规则的合理性。Marco Botta 和 Klaus Wiedemann 认为，大数据分析在市场中的运用导致出现了针对消费者的价格歧视形式，这种做法属于剥削性滥用行为。考虑到欧洲法院关于价格歧视的案例，反垄断法似乎比综合监管更适合解决个性化定价对消费者福利可能产生的负面影响。③ 数据经济的特点是许多市场失灵，这些失灵确实需要竞争法的干预。特别是，尽管有"家庭纽带"，但竞争法、数据保护法和消费者法并不能相互取代。④

第二，通过何种方法判断滥用行为构成反垄断法意义上的违法行为。兰磊撰写的《论垄断行为分析模式的配置逻辑》虽然不涉及反垄断领域的大数据滥用问题，但是其详细地分析了判断构成反垄断法上滥用行为的几种认定方法以及判断标准。他认为，要对垄断行为进行干预，就必须以竞争损害作为判断行为的效果要件。竞争损害也存在多种形态，不同形态下对市场的干预程度不同，干预性越强需要满足越高的证成要求，即需要证明更严重的竞争损害以及发生此等损害的更高概率。⑤ 吴韬、郑东元在《经济分析如何融入法律过程：欧盟竞争法改革的得失及启示》中提出，经济分析是认定垄断行为违法性的主要工具，应将经济分析与要件分析相结合并通过规则完善和

---

① 韩伟：《数字经济中的隐私保护与支配地位滥用》，载《中国社会科学院研究生院学报》2020 年第 1 期。

② 韩伟：《数字经济时代中国〈反垄断法〉的修订与完善》，载《竞争政策研究》2018 年第 4 期。

③ Marco Botta & Klaus Wiedemann, *To Discriminate or Not to Discriminate? Personalised Pricing in Online Markets as Exploitative Abuse of Dominance*, European Journal of Law and Economics, 2019.

④ Marco Botta & Klaus Wiedemann, *EU Competition Law Enforcement Vis-À-Vis Exploitative Conducts in the Data Economy Exploring the Terra Incognita*, Max Planck Institute for Innovation & Competition Research Paper No. 18–08, 2018.

⑤ 兰磊：《论垄断行为分析模式的配置逻辑》，载《经贸法律评论》2021 年第 2 期。

规范经济分析的操作，以完善垄断行为的认定方法。[①] 叶卫平在《反垄断法分析模式的中国选择》中认为，现代反垄断法分析模式是反垄断法适用的核心环节。[②]

总体而言，学术界已经认识到反垄断法上以排他性滥用为主要的垄断标准已经不适合大数据发展的需要，并认识到应该将剥削性滥用纳入反垄断范畴。同时，对于认定反垄断法上滥用行为的认定方法研究，主要还是基于反垄断制度在认定垄断行为分析方法上存在的不足，以此提出完善认定垄断行为的方法，而缺少针对大数据特点的分析。换言之，已经意识到垄断行为违法性认定存在的问题，其宏观视角亦涵摄到大数据领域滥用行为违法性的分析认定问题，但是不够具体。

（五）大数据领域互联网企业滥用市场支配地位认定问题的总体研究现状

针对大数据领域互联网企业滥用市场支配地位认定问题的研究，有陈富良、郭建斌的《数字经济反垄断规制变革：理论、实践与反思——经济与法律向度的分析》，杨东的《论反垄断法的重构：应对数字经济的挑战》，陈兵的《因应超级平台对反垄断法规制的挑战》，詹馥静的《大数据领域滥用市场支配地位的反垄断规制——基于路径检视的逻辑展开》，殷继国的《大数据经营者滥用市场支配地位的法律规制》等文章。可以看出，不少学者已经意识到，数字经济时代大数据的发展运用给传统的反垄断法上滥用行为的认定方法和标准带来挑战。如陈富良、郭建斌认为，传统反垄断框架面对的市场竞争是静态的、单向的，因此，其框架根基在于均衡类论，但是在数字经济时代，市场竞争是动态的、跨界的，规制实践难以摆脱相关市场界定、市场支配地位认定、滥用市场支配地位判定和共谋协议评定等方面的困境。[③] 杨东认为，从工业经济时代的"生产大爆炸"到数字经济时代的"交易大爆炸"的转型过程中，数字经济平台在利用其数据和算法等综合能力激发数据生产要素潜力的同时，也对基于工业经济的反垄断法带来基础理论和规制体

---

① 吴韬、郑东元：《经济分析如何融入法律过程：欧盟竞争法改革的得失及启示》，载《财经法学》2021年第1期。

② 叶卫平：《反垄断法分析模式的中国选择》，载《中国社会科学》2017年第3期。

③ 陈富良、郭建斌：《数字经济反垄断规制变革：理论、实践与反思——经济与法律向度的分析》，载《理论探讨》2020年第6期。

系的挑战。[①] 陈兵认为，在数字经济的带动下，线上线下的市场要素和市场力量集合，导致互联网超级平台出现。且在互联网市场动态竞争的场景下，现行反垄断法规制的目标、逻辑及方法正面临巨大挑战。[②] 詹馥静认为，我国反垄断法上的滥用规制过窄，主要集中于垄断高价、限定交易等行为，现行的法律文本规范面对大数据竞争市场的各种滥用行为束手无策，与大数据市场滥用规制的必然需求形成冲突对立的紧张关系[③]，等等。

这些学者还针对数字经济时代认定问题提出了一些有创意的制度或机制设计，但主要还是着眼于如何规制（提出法律对策）滥用行为，而不是聚焦于反垄断法上的滥用行为认定标准和过程的梳理、改良和重构（是否构成滥用）。如陈兵的文章尽管提到了在大数据领域如何改良传统滥用市场支配地位行为认定的法律框架和标准，强调非价格因素和用户体验在超级平台反垄断法适用时的价值和作用，并提出革新 SSNIP 和 CLA 等界定方法，但是该文最终的立足点却是如何规制滥用大数据的行为，提出建立审慎科学的"预防＋事中事后＋持续"的规制逻辑，并主张对超级平台施行"强监管、早监管、长监管"的规制模式。[④]

二、国内外研究评述

通过对国内外涉及大数据反垄断的相关文献研究可以发现，世界各国的学者、专家都充分认识到互联网企业、大数据对社会生产生活产生的巨大影响和冲击，也充分认识到互联网企业及大数据的出现，对现有的反垄断制度将造成挑战。学者们普遍认为实践中出现的大数据领域滥用行为能够被包容进现有反垄断框架，但也要对现有的反垄断框架进行改良。对于上述问题，不少学者也从各自不同的角度进行了探索，但就这些研究而言，还存在一些不足。

首先，仅对大数据领域滥用行为认定模式的某一个方面进行了探索。许多学者都认识到在数字经济时代，反垄断不仅仅是一元目标，当前以消费者

---

① 杨东：《论反垄断法的重构：应对数字经济的挑战》，载《中国法学》2020 年第 3 期。

② 陈兵：《因应超级平台对反垄断法规制的挑战》，载《法学》2020 年第 2 期。

③ 詹馥静：《大数据领域滥用市场支配地位的反垄断规制——基于路径检视的逻辑展开》，载《上海财经大学学报（哲学社会科学版）》2020 年第 4 期。

④ 陈兵：《因应超级平台对反垄断法规制的挑战》，载《法学》2020 年第 2 期。

福利为主要反垄断目标的制度不足以应对数字经济时代互联网企业产生的经济之外的比如隐私、服务质量等方面的损害。但这些研究都局限于需要改变反垄断目标，而没有从滥用行为认定框架的角度分析反垄断目标的改变对滥用大数据市场支配地位行为认定的依据、标准、方法造成的影响。

其次，很多探索亟待理论深耕。大数据领域的互联网企业滥用行为认定涉及大数据特征和互联网特性的相互交错，要认清它们之间的关系，以及采取何种方式进行认定比较复杂。因此，很多研究缺少深入的分析。比如，由于互联网企业的双边市场特性，涉及选择哪一边市场进行界定的问题，必须确定界定市场，才能用测试方法进行测试，但是大多数研究都没有把界定的相关市场的选择和界定的相关市场的具体测试方法进行区分，而是把二者混为一谈进行分析。又比如，有人提出传统的相关市场界定方法不适用于数字经济时代大数据反垄断领域的理由后，却没有提供详细的解决路径。

第三节　研究内容、研究方法与主要创新

一、研究内容

（一）研究范围

大数据已经成为驱动互联网企业发展的重要因素。大数据被理解为一种重要的资产，也成为经济社会发展的重要变革力量，给社会带来翻天覆地的影响。如何让这种资源造福社会，更好地推动经济社会发展，而不是被少数互联网企业所垄断，成为剥削消费者权益、谋取巨额利润的工具，是需要解决的问题。大数据作为一种新生事物，社会对其并没有系统全面的认识，更不要说对大数据领域互联网企业滥用市场支配地位行为形成科学合理的识别认定框架。由于互联网企业在运用大数据的过程中涉及的问题较多，例如经营者集中、横向或纵向垄断协议（合谋行为）、滥用市场支配地位（剥削行为或排挤行为）、对滥用行为具体如何规制（立法、司法、执法）等，为使本书的研究更具针对性和聚焦性，有必要对研究对象和范围作限定。具体而言，本书的主题为大数据领域互联网企业滥用市场支配地位认定问题研究，研究范围限定在以下四个方面。一是研究的具体对象限定于大数据；二是研究主体限定于互联网企业（平台）；三是研究的反垄断问题限定于滥用市场

支配地位；四是研究的滥用市场支配地位具体问题限定于认定方法。

第一，研究的具体对象限定于大数据。数字经济时代，很少有传统的产品能够比拟大数据在市场竞争中的作用，大数据不仅仅改变经济、改变社会，也在改变市场竞争的基本规则。大数据在滥用市场支配地位的认定上发挥着与传统产品完全不同的巨大作用，甚至可以说，大数据的出现，导致了对于传统意义上的滥用市场支配地位规制的必要性，给滥用行为的认定方法、依据甚至整个滥用支配地位的认定法律制度都带来了挑战。在对大数据领域的滥用行为进行认定时，需要与其他传统产品作单独区分，也正因为如此，本书相关讨论都要围绕大数据展开。

第二，研究主体限定于互联网企业（平台）。互联网企业与传统企业特征差异较大，大数据之所以被称之为大数据，是以计算机和互联网技术为基础，只有具有强大的数据存储能力和计算能力，充分的网络性和传播速度，大数据的采集、交换、应用才能实现。也只有这样，大数据才能发挥巨大的商业价值。同时必须指出的是，互联网企业在发展过程中不断壮大，互联网企业的商业模式也越来越平台化，在某一个具体行业领域，往往会形成一家或者少数几家巨头。特别是大数据一个重要特点是数据海量，一般是特定领域的互联网平台型企业才能够收集到。因此，本书所重点研究的对象是互联网企业，也往往是互联网平台。

第三，研究的反垄断问题限定于滥用市场支配地位。从反垄断角度讲，企业垄断的方式主要有经营者集中、横向或纵向垄断协议（合谋行为）、滥用市场支配地位（剥削行为或排他行为）三大类。然而，由于拥有大数据的互联网企业大多属于一家或者少数几家独大，因此经营者集中或者垄断协议等情况出现的情况较少，域外也发生了多起涉及互联网企业并购（集中）的案件，但是，就国内而言，目前发生案件多为滥用大数据市场支配地位的纠纷，因此，一方面，本书希望将研究的切口进行聚焦，使论述更加集中有力，另一方面，也希望立足于解决国内发生较多的关于大数据反垄断的最主要问题，即滥用行为问题。

第四，研究的滥用市场支配地位具体问题限定于如何认定。滥用大数据问题可以分为两个具体的问题，一是大数据领域的滥用市场支配地位行为的认定，是否存在滥用市场支配地位行为属于识别过程，这个过程有一整套认定方式，比如相关市场界定，市场支配地位评估，滥用行为认定等。二是认定存在滥用行为后如何进行规制，即具体解决对策。总体而言，大数据领域互联网企业滥用市场支配地位问题是一个新问题，要对其进行规制，必须先对其进行认定。因此，本书希望将研究范围限定于对大数据领域滥用支配地位行为进行规制的前提，即认定问题的研究。

（二）研究的主要内容

大数据领域互联网企业滥用市场支配地位行为的认定具体可以分为三个步骤，即相关市场的界定，市场支配地位的评估，滥用行为的认定。而认定的路径又是在反垄断目标指引下进行的，只有在目标清晰的情况下，滥用行为的认定路径才有所指引。因此，本书的主要内容聚焦于回答四个方面的问题：一是以大数据发展和运用为核心的数字经济时代的反垄断目标与工业经济时代的反垄断目标的差异比较和数字经济时代大数据领域的反垄断目标；二是传统相关市场界定的分析框架是否适应数字经济时代数据驱动的互联网企业的特殊性，如果不适应，应该如何进行调整；三是传统关于市场支配地位的评估方法是否适应对数字经济时代大数据领域市场力量的评估，及调整方法；四是大数据领域互联网企业的滥用市场支配地位行为与传统的滥用市场支配地位行为的区别，及如何识别认定大数据领域互联网企业滥用行为是否属于反垄断法意义上的滥用行为。基于此，本书的结构和研究内容服务和服从于前面提出的系列问题，故在四个主要问题的基础上加上绪论、基本情况介绍以及结论和展望，共分为六章。具体而言：

第一章为绪论，重点阐释本书的研究背景、选题意义、研究方法、文献综述、创新意义。同时，也概括性地介绍了本书结构框架和主要研究内容。

第二章为大数据领域互联网企业滥用市场支配地位情况，是对本书研究内容的铺垫，后面其他章节对相关市场的选择、市场控制力的认定都是在本章所阐释概念的基础上进行分析的，比如分析数字经济市场力量的构成就基于本章提到的规模效应、动态竞争等特征。具体而言，在本章中分别介绍了互联网企业和大数据的概念、特征，并具体分析了这些新的特征对传统竞争模式产生的具体挑战。同时，也指出数字经济时代，大数据新特征的变化与新竞争模式的出现将导致滥用市场支配地位的认定标准和方法随之发生变化。另外，还介绍了域外对传统法律框架下的滥用市场支配地位的认定标准和方法，能否适用数字经济时代大数据领域的滥用行为的态度和总体应对方式。

第三章为大数据领域反垄断目标的回归与校正，回顾了反垄断目标的历史，指出不同时代有不同的反垄断目标。数字经济时代，大数据对社会的广泛运用产生了各种利弊，而大数据领域的滥用行为导致传统的反垄断目标不足以应对大数据给市场竞争带来的负面影响，因此，应当对传统经济时代的反垄断目标进行回归和改良，将传统的消费者经济福利目标之外的隐私、选择多样性、服务质量等多元价值取向纳入数字经济时代的反垄断目标。同时指出，随着目标的变化，实现目标的路径，即大数据领域滥用市场支配地位的认定方法也应改变，将传统的经济学理论基础上建立的价格中心主义分析方式转变为价格主义分析方式和非价格主义分析方式并用。

第四章为互联网企业相关产品市场界定方法及完善。确定相关产品市场范围的前提是大数据产权明晰、权责清楚。本书研究内容的核心是构建数字经济时代认定大数据领域滥用市场支配地位的标准和方法，该问题的本质在于如何确定大数据的使用规则，即大数据的使用不能损害竞争，既不能损害数据提供者的竞争，也不能损害数据使用者的竞争，换言之，既要保护数据提供者的竞争优势，也不能妨碍数据使用者使用这一竞争资源。而如何处理数据提供者、数据拥有者以及数据使用者之间的关系，涉及大数据确权问题。[①] 因此，在重构认定大数据领域滥用市场支配地位的标准和方法之前，首要问题是必须对大数据进行确权。因此，本书基于经济发展、人身权保护以及国家数据主权的维护等多种价值平衡，提出了创建大数据权及其权属特征。同时，针对产生大数据的互联网企业所具有的双边或多边市场特征，以及大数据具有原料和产品两种形态，提出界定的产品市场选择上应该具体问题具体分析，在特定情形下可以淡化界定市场选择，直接评估市场力量或者认定滥用；对于大数据产品，只选择大数据产品这一边市场进行界定；对于数据原料，则根据大数据原料是自用还是传导到其他市场产生力量的情况来选择界定的市场。另外，对于相关产品市场的测试方法，在比较多种方法后，认为 SSNIQ 测试方法更适合大数据领域相关产品市场范围的认定，但也需要结合大数据的特征适当改良。

第五章为互联网企业市场支配地位认定标准重塑。市场支配地位的本质在于企业具有影响和控制消费者的能力，在不同的时代背景下，经济社会基础不同，表现形式不同，识别认定的要求标准也不同。数字经济时代，基于工业经济时代的价格机制所形成的市场支配地位认定标准显示出它的不适

---

① 丁文联：《数字经济的竞争法关切和基础问题》，载《竞争政策研究》2017 年第 5 期。

应性，无法准确识别互联网企业利用大数据过程中所形成的市场控制力，故此，现实中许多本质上属于反垄断法意义上的滥用市场支配地位行为，并没有被反垄断执法或司法机构所认定。要解决上述问题，需要结合大数据领域市场竞争存在的网络效应、规模效应、锁定效应、双边市场以及大数据垄断等多种因素，重新梳理传统经济时代形成的市场支配地位认定标准和数字经济时代所需的市场控制力之间的关系，重构数字经济时代市场控制力识别的主要考虑因素，并根据互联网企业利用大数据过程中，在不同情况下能影响和控制消费者所需要的市场力量程度，构建必要设施、相对优势、支配地位三种不同的市场控制力标准。

第六章为互联网企业滥用行为认定规则的重构。互联网企业利用数据驱动开展竞争，因此，传统的事实认定方法不一定能够识别滥用行为。而法律的滞后性导致很多新类型的滥用大数据行为并不为传统的反垄断框架所容纳。因此，在归纳现已经发生的众多大数据滥用行为典型类型的基础上，提炼出当前法律认定和事实认定框架存在的问题，并提出了解决对策，即根据大数据领域滥用行为新类型的特点，重构反垄断法上新的滥用行为类型立法框架，并在事实无法认定清楚的前提下，将事实问题转化为法律问题，将传统竞争损害的效果分析模式转变为结构型效果主义分析模式。

二、研究方法

本书主体虽然是大数据领域互联网企业滥用市场支配地位行为认定问题研究，但是横跨了法学、经济学、社会学、互联网、信息技术等多个学科领域，为使研究更加深全面，本书将涉及以下研究方法。

（一）文献归纳法

任何一种研究都需要在占有大量素材的基础上进行整合归纳，并形成作者自己的思路和见解。本书也将在收集各种文献，特别是学者论文、经济合作及发展组织和世界各国竞争管理机构发布的文件和报告的基础上，对大数据领域互联网企业滥用市场支配地位行为认定的相关问题进行分析、梳理，并提出自己的看法。

（二）案例分析法

理论是实践的先导，但是很多问题往往是实践先遇到，在此基础上归纳后形成理论。大数据产生的法律问题往往先由反垄断执法机关或者司法机关碰到，他们在处理滥用大数据纠纷或者案件过程中提出的观点或者思路，对后来的研究者有很大启发和引导作用。因此，本书很多观点或者思路也来源于大数据领域各国对滥用问题的法院判决或者反垄断机关的决定。同时，大数据领域互联网企业滥用市场支配地位问题研究本身也属于较新领域，法院和反垄断机关的处理亦并非无可争议之处，因此，本书的很多分析和结论是基于司法机关或反垄断执法机关的分析基础上的拓展、深化。另外，由于理论分析往往是抽象的，因此，很多理论阐释需要结合具体案例进行讨论，将抽象的问题具象化，将抽象的问题变得通俗易懂。

（三）比较分析法

大数据概念产生不久，虽然有一系列关于滥用大数据的纠纷和案件，但是总体而言，数量尚不丰富，系统全面的研究更少。但是，不可否认的是，大数据对社会的发展至关重要，因此，世界各国对大数据的运用和发展有较多的讨论和预测。大数据在市场竞争中起到什么样的作用？法律应当如何认定大数据领域互联网企业的滥用市场支配地位行为？各国有不同的理论观点和执法实践。本书通过考察欧盟、美国、日本、新加坡等国家和地区在大数据反垄断问题的处理，与我国大数据反垄断主要理论观点和司法实践中的具体做法进行比较分析，从而总结出科学认定大数据领域互联网企业滥用市场支配地位的具体标准和方法，为我国立法和实践提供可参考的借鉴。

特别强调的是，本书研究的是滥用大数据问题，而大数据的使用过程与传统经济时代下普通产品的运用有着类似的一面，同时，也有因大数据本身特点而产生的新问题。因此，本书的研究以传统经济时代下认定企业滥用市场支配地位的方式方法为基准，比较分析大数据领域互联网企业滥用市场支配地位行为所具有的新特征，从而在传统认定滥用行为的框架下，改良、重塑新的认定方式方法，着重运用纵向比较的方法。

（四）经济学分析方法

某种程度上讲，反垄断问题本质上就是一个经济学问题。反垄断的重要目的是利用法律来促进竞争、避免市场失灵，最大限度地促进经济发展，谋求社会福利；而认定滥用市场支配地位行为的分析研究过程很多时候也是对经济现象、经济规律的分析，比如对于互联网企业多边平台的研究，对于数字经济属于动态性经济的判断，对于创新对市场经济影响的分析，等等。因此，本书的研究借助经济学分析方法，特别是用经济学思想、理论研究大数据问题，并基于经济文献的回顾与分析得出自己的结论。

三、主要创新之处

近年来，大数据的不断运用发展，出现了"People Browsr 诉 Twitter 案""hiQ 诉 LinkedIn 案"、谷歌购物案（Google Shopping case）、脸书收集用户数据案、新浪微博诉脉脉案、大众点评诉百度案等一系列关于滥用大数据的纠纷和案件，引发了社会关注，但目前的法院的判决处于摸索状态。与之相对应的是，国内外关于大数据领域互联网企业滥用市场支配地位的研究尚处于起步状态。笔者在查阅知网、万方、Westlaw、LexisNexis、HeinOnline、ProQuest、Springer 等专业法律数据库时，发现较少有文章系统深入研究大数据领域互联网企业滥用市场支配地位认定的相关问题。因此，本书的创新之处，首先是系统地提出了大数据领域互联网企业滥用市场支配地位的认定这个命题。其次在内容上也提出了创新性观点，具体可以归纳为以下三个方面：

其一，系统地梳理并提出了数字经济时代大数据领域的反垄断目标。反垄断法的本质是通过法律来确保内部市场不扭曲竞争来增加消费者的福祉。在芝加哥经济学派的影响下，大多数国家的反垄断目标转变为消费者的经济福利。从我国反垄断实践来看，其更加注重维护竞争秩序和消费者经济利益。在数据经济时代，大数据导致社会的剧烈变化，传统的反垄断目标不能完全适应社会的发展。换言之，就数字市场竞争而言，不仅应该包括保护消费者免受滥用行为导致的价格上涨的影响，还包括隐私保护、质量和创新等多种利益。[①] 因此，本书提出，在数字经济时代的反垄断目标是多元的，需要回归反垄断法之初的多元价值，并根据大数据竞争的特点，构建经济效益、隐私、选择多样性、服务质量等多重反垄断目标，同时提出了实现这几个目标需要采取的具体的反滥用行为分析方法。

其二，提出了创建大数据权。民事权利有天然权利和制度设置的权利，天然权利比如生命权，制度创设的权利比如知识产权。知识产权是随着社会的发展，为了鼓励创新，促进社会进步，保障发明创造人的合法权益而创造的一种新型权利。同样，随着大数据的发展运用，其也可能对人类社会产生翻天覆地的影响，因此，为了促进对大数据的规范运用，同样需要对大数据

---

① Reyna A., *The Shaping of a European Consumer Welfare Standard for the Digital Age*，1 Journal of European Competition Law & Practice 1，2019.

进行确权定性。本书在分析大数据所具有的人身性、财产性和国家数据主权特点，并且认为三者同等重要的情况下，提出现有物权、债权、知识产权等法律制度无法涵射大数据这些特征。为此，本书认为，在综合多元价值的前提下，为发挥大数据在市场经济中的最大效用，需要构建一种新型的大数据权，并提出，这种大数据权有三种形态并因此形成三种权利特征。即，原始数据，主要由自然人使用互联网产品产生，产生数据的自然人对数据享有人格权和财产权；经营性数据，主要由互联网企业通过收集、存储、分析、处理得来，互联网企业享有数据经营权和数据资产权；国家主权性数据，由国家为了维护国家整体利益和安全，所享有的对大数据进行审查、保护的权利。

其三，针对大数据的特征，提出了系统的改良传统滥用市场支配地位行为认定的标准和方法。在芝加哥经济学派的影响下，古典经济学的价格分析工具成为工业经济时代甚至互联网经济时代相关市场界定、市场力量评估以及滥用行为竞争损害认定的基本分析方法。然而，随着互联网企业的平台化发展，以及大数据的不断运用，互联网企业的双边市场、动态竞争、网络效应、自然垄断等多种特性，叠加大数据所具有的非排他性、多宿主性、人身性、使用价值不确定性等多种特性，导致对现有滥用市场支配地位认定程序和标准是否能够有效规范互联网企业滥用大数据行为存在争议。换言之，由于大数据市场实行免费竞争模式、滥用行为新样式，使得传统分析方法所依赖的基于价格上涨的假定垄断者测试、市场份额评估为主的评估标准，经济福利损失的竞争损害标准都面临问题。

因此，本书在梳理域外相关理论探索和执法经验的基础上，对数字经济时代大数据领域互联网企业滥用市场支配地位行为的认定突出问题进行了系统梳理，并得出结论，传统的滥用市场支配地位认定标准和程序总体上仍然适用，但是需要进行改良调整。为此，本书提出了一整套系统的大数据领域滥用市场支配地位行为认定的标准和程序。一是根据数字经济时代大数据竞争的特点，重新调整反垄断目标（目标的不同，界定滥用市场支配地位路径不同），并指出，在认定滥用行为的总体方式上，须将对滥用市场支配地位界定的方式由传统的价格主义分析方式转变为以价格主义和非价格主义（质量）并行的方式。二是在具体界定程序和标准上，提出在构建大数据权的基础上，对相关市场界定需要具体案件具体分析，有些需要淡化市场界定，有些界定一边市场即可，并在分析多种测试方法的基础上，提出宜采用适应大数据产品的测试方法 SSNIQ 测试方法。三是提出在市场支配地位认定的标准上，要以大数据为中心，构建不同的市场控制力认定标准。四是对于滥用所导致的竞争损害，由于大数据带来的损害隐蔽性和复杂性，因此，须重构反垄断法上新的滥用行为类型立法框架，并在有些损害事实无法认定清楚的前提下，将事实问题转化为法律问题，将传统竞争损害的效果主义分析模式转变为结构型效果主义分析模式。

四、本书研究存在的难题

大数据属于新生事物，本身又在不断发展，新的特点、新的情况不断产生，而任何规律的总结、归纳都要建立在掌握大量的事实和案例的基础上。本书的研究不仅面临案例和资料不足，也面临很多大数据领域的滥用行为还没有暴露的问题。同时，大数据领域滥用行为很大程度上涉及到经济学方面的理论和知识，由于作者对经济学学科的专业知识有一定欠缺，因此，本应可以通过数据模型或者经济学理论进行阐释的问题或者情形，作者也不能深入展开，仅仅是浅尝辄止。除此之外，本书在系统论述大数据领域的互联网企业滥用市场支配地位认定问题的过程中，还面临三个方面的问题。

首先，对于大数据权设立的必要性以及与其他权利之间的关系还缺乏全面的认识。域外《联邦数据保护法》（GWB）、《通用数据保护条例》（General Data Protection Regulation，简称 GDPR）及我国的《中华人民共和国个人信息保护法》《深圳经济特区数据条例》从各自领域的角度归纳了大数据的一些权属特征，但是最终没有创立大数据权。本书提出大数据权，并归纳了其权属特征，有一定合理性，也适应大数据发展的需要，但是本书更多是基于反垄断法的竞争秩序需求进行的归纳，对于大数据权与物权、人身权、知识产权之间的关系，以及大数据权是否真的有必要创立，还缺少法律基础理论的支撑和体系化的衔接。比如本书提出大数据权属有三元特性，即人格权和财产权、经营权和资产权、国家数据主权，这三个权利是否属于同一制度层次的权利等问题，还需要深入研究。

其次，非价格分析方法还需进一步探索完善。价格分析法基于芝加哥学派经济理论形成，有系统的、经过长时间检验的经济学理论和实践作为支撑。本书提出了对于实现消费者经济福利之外的其他比如隐私权保护、质量保障等反垄断目标，也提出了实现这些目标的非价格分析方法。但非价格分析方法还缺少类似芝加哥经济学派的基础理论支撑。因此，这种非价格分析方法的适用程度与效果有待检验，或者说，其配套机制或者理论基础有待进一步完善。

最后，对大数据领域联网企业滥用市场支配地位的认定标准和方法的创造性变革还不够。本书已经意识到大数据给反垄断制度带来的革命性变化，亦认识到可以围绕大数据特征，构建一个全新的大数据领域互联网企业滥用市场支配地位行为的认定标准和方法。但是，由于本人学术能力有限，且在传统的反垄断框架下，适当调整基于大数据的相关变量，总体上能够构建一个大数据领域的互联网滥用市场支配地位的认定方法和标准，因此，本书的理论构建大都还是围绕传统理论和框架上的修改变化，并进行阐释，而不是以一种变革性的理论进行探讨。

第二章　大数据领域互联网企业滥用市场支配地位情况

第一节　互联网企业及其特征

一、互联网企业的概念

互联网也叫做因特网（Internet），是符合以下条件的全球信息系统：（1）根据网络间协议（ IP）或其今后的扩展协议/后续协议，由一个全球独一无二的地址空间逻辑地连接在一起；（2）能够支持使用传输控制协议/互联网协议（ TCP /IP）套件或其今后的扩展协议/后续协议，和/或其他与 IP 兼容的协议之通信；（3）公开或私下地提供、使用本书中介绍的相关基础设施上分层的高级别服务，或使这些服务可访问。[1] 综合上述观点，本书将互联网定义为通过通用的 TCP/IP 协议，将种类繁多的服务器和计算机、其他电子终端连接在一起，相互相通而形成的网络形态。

企业（Enterprise），从学科属性方面来讲，最初属于经济学范畴，因此从经济学角度定义企业，是指"在社会分工的条件下从事生产、贸易、运输等经济活动的独立单位"。亦有学者将其定义为"是在追求商业利润最大化的目的下，通过一定的组织形式，以契约将劳动、资本、土地等生产要素集中起来，从事持续性的生产经营和服务性活动的经济实体"。[2] 随着市场经济的发展，企业逐渐演变为法律概念。改革开放以来，为使市场经济主体有法可依，我国相继制定了一系列以企业命名的法律，如《个人独资企业法》《合伙企业法》《外资企业法》《乡镇企业法》。这些法律从各自适用的范围对企业的概念进行

---

[1]　Barry M Leiner, *The past and future history of the Internet*, 40 Communications of the ACM 102, 1997.

[2]　杨爱仙：《经济学和法学视角下的企业概念诠释》，载《商业时代》2010 年第 7 期。

了概括。如《个人独资企业法》第2条规定："本法所称个人独资企业，是指依照本法在中国境内设立，由一个自然人投资，财产为投资人个人所有，投资人以其个人财产对企业债务承担无限责任的经营实体。"也有学者从法学理论上对企业概念进行了定义，"企业是依法成立并具备一定的组织形式，以营利为目的，专门从事商业生产经营活动和商业服务的经济组织"。[①] 从法律角度定义企业含义，可以看出企业的基本特征有三个：一是从职能特点来看，主要从事生产经营活动和商业服务；二是从经营目的来看，主要以营利为活动宗旨；这也将企业与一些事业单位区别开来，比如学校，医院。三是从组织形式来看，是依法成立的经济组织。必须指出的是，企业是经济组织，是一个大于公司的概念，除了包括公司外，还包括独资企业和合伙企业。[②]

通过对互联网的定义和特征及企业的定义和特征进行分析，我们对互联网企业所具有的互联网特征和企业特征有了一定了解。然而，由于互联网从20世纪90年代初商业应用以来，产生时间并不长，其作为一项重要的生产要素，与各种各样的经济组织结合，在社会生活中呈现出百变多样的组织形态，因此，目前社会对互联网企业并没有一个清晰、统一、权威的定义。美国著名学者、法官波斯纳把互联网企业定义为新经济，但是并没有对互联网企业的主要特征进行概括，只是对互联网企业的外延进行了界定，认为互联网企业包括互联网接入提供者，互联网服务提供者，互联网内容提供者。[③]

也有研究者受到波斯纳的定义启发，将互联网企业分为三种类型。第一种是互联网接入提供商，提供网络设备、通信设施、互联网接入服务，包括基础的网络设备提供商，如华为、思科等；电信网络运营提供商，如中国电信、美国电话电报公司（AT&T）等；宽带接入服务提供商，如长城宽带等。第二种是服务提供商，主要从事网络应用设施的生产和开发，为整个互联网提供衍生服务，如提供技术服务、技术咨询、技术创新等服务，这类企业包

---

① 甘培忠、周淳、周游：《企业与公司法学（第八版）》，北京大学出版社2017年版。

② 由上述经济学和法律角度对企业的定义可以看出，经济学和法律都强调企业注重以盈利为目的，是一种经济实体，但是经济学定义企业时更注重企业在生产关系中的角色，而法律定义企业时更注重企业的权属特征以及责任形态。

③ ［美］理查德·A.波斯纳：《反托拉斯法（第二版）》，孙秋宁译，中国政法大学出版社2002年版。

括中兴、微软、IBM 等。第三种是提供增值内容的企业。这类企业的主要经营模式是基于互联网平台，通过建立自己的网站，提供网络接入、门户站点、电子商务、搜索引擎等多种服务，通过吸引大量用户获得收益。这类企业有网易、雅虎、谷歌、亚马逊等。[①]上述分类对互联网企业的定义并不精确，互联网一个重要特点是它必须通过统一通用的 TCP/IP 协议进行连接不同的计算机或者终端，但是像华为、[②]思科等公司只是网络硬件生产商，提供了能够产生网络，并保证数据、信息通畅的物资设备，并没有将自己与其他计算机或终端相互连接。同样，中国移动、中国联通和中国电信也不能被定义为互联网企业，因为其主要业务在于维护网络，保持网络畅通，是不同计算机之间连接 TCP/IP 协议的服务者，并不是使用者。换言之，其本质上属于网络连接服务维护商，不能被称为互联网企业。

　　经过对互联网企业内涵和外延的分析，本书认为，互联网企业应该被定义为：以特殊的 IT 技术为手段，以互联网平台为基础，通过提供网络设计，程序开发等互联网衍生服务，或者提供门户站点、电子商务、搜索引擎、网络数据等互联网增值服务，并以此为主要经营业务的营利性组织。[③]上述定义表明互联网企业的外延至少包括以下三个方面：一是必须以特殊的 IT 技术为手段，以互联网平台为基础，这也就将互联网企业与传统的企业进行了区分。传统的啤酒厂、鞋厂等企业主要基于传统的流水线生产模式，生产工艺

---

　　① 顾海伦：《中国互联网企业的定义与分类问题研究》，上海师范大学 2017 年硕士学位论文。

　　② 由于华为的业务涵盖了通信设施生产、终端产品生产、网络信息维护、云计算等从硬件和软件的生产和服务，因此，不能简单地把华为定义为互联网公司或者非互联网公司。在这里讨论的是华为作为通信硬件设备提供者，这部分业务不能被定义为互联网企业。

　　③ 关于互联网企业的定义，正如前面所分析，并没有统一、权威的定义。中国互联网协会间界定过互联网企业，其发布的《中国互联网企业综合实力发展报告（2020）》明确研究的对象是"持有增值电信业务经营许可证、营业收入主要通过互联网业务实现、主要收入来源地或运营总部位于中国大陆、2019 年互联网业务收入大于 1 亿元、无重大违法违规行为的企业"。该报告主要针对中国业务收入大于 1 亿元的大型互联网企业，并没有直接对互联网企业定义，但是从该报告可以看出，中国互联网协会对互联网企业界定的两个重要特征，一是持有增值电信业务经营许可证，二是营业收入主要通过互联网业务实现。由于该定义比较简单，亦不能全面呈现互联网企业的特点，因此，本书认为，必须较为全面地对互联网企业概念进行定义。参见：https://www.isc.org.cn/account/TopSearch.html?searchtext=%E4%BA%92%E8%81%94%E7%BD%91%E4%BC%81%E4%B8%9A&page=1。

封闭，也很少用到互联网平台。但是互联网企业更多基于 IT 技术和互联网平台，用户参与度高，甚至本身就是互联网产品的创造者。二是必须基于网络基础上的衍生或者增值服务。正如前面所分析，提供网络硬件和产生、维护网络的企业不是互联网企业。互联网企业在依托网络的基础上，经营 IT、软件开发或者提供电子商务、搜索引擎、网络支付、数据销售等衍生或者增值业务。三是经营业务收入主要通过互联网实现。随着互联网在生产生活中无处不在，各种生产服务企业亦十分注重互联网的运用，即便是以线下电器销售为主要业务的传统企业也开始运用互联网，创立网上综合购物平台，同样，以网络通信基础硬件设备提供起家的企业亦开始多种业务经营，业务不仅涉及网络通信基础硬件设备的提供，网络终端（手机）的生产，还涉及网络信息维护，云计算等业务。因此，对这类传统业务与互联网业务混合经营的企业，判断其是否是互联网企业的标准是其主要营业收入是否通过互联网实现。

二、竞争视角下互联网企业的市场特征

要对大数据领域互联网企业滥用市场支配地位行为进行认定，离不开对互联网企业市场特征的讨论。对互联网企业特征的分析梳理有助于分析、理解互联网企业与传统企业界定相关市场和市场支配地位的区别。关于互联网企业的特征，已经有不少文章作过分析，如王先林教授认为，互联网企业的特征是"具有双边市场结构形态的平台型产业，具有参与主体的多边性、用户需求的联合性、网络效应的交叉性和价格结构的非对称性等特点"。[①] 本书认为，从市场竞争的角度，互联网企业具有不同于传统企业的以下特点。

（一）以注意力为市场竞争的基本要素

要理解注意力，离不开对流量这个词的梳理。在互联网企业竞争中，常常谈到的一个话题是，流量是互联网企业生存的根本。流量作为互联网概念，指用户在使用互联网时进行内容互动的数据交换量。换言之，用户在使用互联网时，无论是点击查看文章，还是下载图片，抑或是购买商品，都是在与互联网进行数据交换，这种数据交换的过程就形成了数据流量。用户跟互联网之间的互动越多，互联网流量越大，说明这个企业的获得的注意力越大。注意力与传统的电视收视率、报纸阅读量本质上相似，都能够转变为收

---

① 王先林：《互联网行业反垄断相关商品市场界定的新尝试——3Q 垄断案一审法院判决相关部分简析》，载《中国版权》2013 年第 3 期。

入。这也就意味着，当互联网企业获得数据流量越大，获得的注意力越大，能够获取的变现能力（收入）也就越高。互联网企业获取利润和收益的方式主要有两种，一种是通过较高的注意力获取广告收入。互联网企业以自己的技术或者内容，吸引流量（注意力），然后将流量出售给广告商做广告，如发布许多新闻资讯等内容供用户浏览，当用户较多的时候发布一些厂商的广告。又如，通过搜索技术吸引用户使用，同时通过竞价排名吸引商家做广告，宣传产品或服务。另一种是通过较高的注意力获取电子商务收入。此概念下的注意力类似传统企业的知名度或者影响力。知名度越高的产品或者商家越容易受到用户信任和使用。例如，通过微信入口获取社会流量（关注度）进行商品销售，获得收入。可以说，注意力对互联网企业获取利润和收益有着决定性的作用。2019 年，某网络商场限制某店铺的搜索数据流量，导致其损失惨重。[①] 有人因此断言，3Q 大战、顺丰菜鸟数据纠纷等冲突背后，仍是数据流量之争。[②]

（二）互联网企业竞争始终属于动态状态

互联网企业的本质就是创新，而这种创新又主要表现在两个方面，一是技术的创新，二是商业模式的创新。商业模式的创新又往往来源于技术的创新。如手机上的 GPS 使地理位置能够随时共享，从而促使团购这种商业模式兴起，使打车应用迅速发展。[③] 换言之，互联网企业动态竞争的本质来源于技术迭代较快，根据摩尔定律，"同样面积的电脑芯片上集成的晶体管的数量每隔 18 个月会增加一倍，也会将芯片的处理速度和处理能力提升一倍，而成本则会降低一半"。[④] 互联网技术的不断创新发展，亦导致互联网企业市场格局始终处于不断变动的过程中，从而使某个行业领域或者整个互联网行业发生较大改变或者根本性改变。从微观角度看，具体到网上获取信息资讯领域，在 2012 年以前，普通用户主要通过搜狐、新浪以及腾讯网页获取信息；

---

① 《格兰仕 618 "怒撕" 天猫！品牌纷纷建立私域流量，挣脱大平台》，载搜狐新闻网，https://www.sohu.com/a/321702800_100143198。

② 《〈反垄断法〉修订背景下需要加强对国际案例的研究》，载中国经济网，http://www.ce.cn/xwzx/gnsz/2008/202001/07/t20200107_34061423.shtml。

③ 陈畅：《互联网企业滥用市场支配地位的反垄断法思考》，载《湖北师范学院学报（哲学社会科学版）》2016 年第 7 期。

④ 逄健、刘佳：《摩尔定律发展述评》，载《科技管理研究》2015 年第 15 期。

在 2012 年以后普通用户获取信息资讯主要通过微信朋友圈；到了 2018 年以后，抖音、快手兴起，成为普通用户获取信息资讯的主要途径。

从宏观角度看，在整个互联网行业中，互联网企业始终处于变动当中。从工业和信息化部历年公布的《中国互联网企业百强排行榜》亦可以看出这种剧烈变动的特点。在 2014 年至 2019 年中国互联网企业前 20 强的变化当中（见表1），短短 5 年内，20 家互联网企业里，变动企业有 10 家，达到总企业数的二分之一，10 家排名前 20 名的互联网公司在 5 年之内跌落在 20 名之外，世纪互联、号码百事通等公司直接跌出互联网企业 100 强之外。同时，字节跳动、拼多多这两家分别于 2012 年和 2014 年成立的两家公司，却在短短几年内成长成为互联网前 20 强。另外，在这 20 强企业当中，腾讯、阿里巴巴、百度、京东等 10 家企业亦存在一定的稳定性，始终处于 20 强之内。这也恰恰说明，互联网行业领域垄断与竞争同时并存，处于动态性竞争状态。

表 1　五年内中国互联网企业前 20 强的变化情况 [①]

排名	2014 年前 10 强互联网企业 [①]	2019 年前 10 强互联网企业	排名	2014 年 10—20 强互联网企业	2019 年 10—20 强互联网企业
1	腾讯	阿里巴巴	11	唯品会	拼多多
2	阿里巴巴	腾讯	12	盛大游戏	搜狐
3	百度	百度	13	乐居控股	58 集团
4	京东	京东	14	世纪互联	苏宁控股
5	搜狐	蚂蚁金服	15	携程网	小米集团
6	奇虎 360	网易	16	昆仑游戏	携程网
7	小米	美团	17	途牛网	用友网络
8	网易	字节跳动	18	网宿科技	猎豹移动
9	苏宁控股	奇虎 360	19	搜房网	汽车之家
10	新浪	新浪	20	号码百事通	湖南快乐阳光

---

① 张江莉：《互联网市场的新自然垄断与反垄断规制——3Q 之战折射出的反垄断法实施问题》，载《网络法律评论》2012 年第 1 期。

② 数据根据工业和信息化部网络安全发展中心每年发布的中国互联网企业 100 强榜单整理，参见 http://miitxxzx.org.cn/n955469/index.html。为避免文字过于烦琐，影响表达和阅读，本书对企业的名字进行了简化，绝大部分去掉了"公司""集团"等文字，同时将一些工商登记时的企业名字换成读者熟悉的企业名称，比如将上海寻梦信息技术有限公司改为拼多多，将北京五八信息技术有限公司改为 58 集团。

（三）互联网企业的竞争容易形成新自然垄断

自然垄断一般指由于资源禀赋，在特定行业或特定领域无法竞争或不适宜竞争所形成的垄断。在互联网某些领域，往往是少数几家企业占据市场的主要份额，其余的则被市场淘汰，这种自然属性也因此被称为"新自然垄断"。[①] 互联网企业新自然垄断主要源于：一是互联网行业的运营成本低，可以无限扩张。互联网企业占据一定市场后，用户的不断增加，不会造成其营运成本的大规模扩展，其发展规模的边际成本极低，这也导致了互联网企业形成巨大的规模。这里的规模不仅指数量的庞大，还指产品的丰富。例如腾讯公司最初的产品只是聊天应用，后来在聊天应用的基础上逐步发展了QQ空间、QQ游戏、QQ秀、腾讯网等。随着产品的丰富，资产规模的扩大，其他小企业难以与其竞争。二是互联网行业容易形成锁定效应。互联网技术在不断更新，提高用户体验，却并不必然导致用原有互联网企业上的用户的转移，原因就在于用户对原有互联网企业形成路径依赖，从而产生锁定效应。也就是说，先进入市场的互联网企业所产生的锁定效果，使'后进入市场'的技术、产品或服务因无法获得用户支持而无法参与市场竞争。[②] 以微信为例，用户在使用过程中对其功能、产品特点等十分熟悉，如果转换其他产品，则又面临学习新的操作方法、了解新的产品性能等一系列学习成本。因此，除非新的互联网产品的预期效用大于转移成本，否则用户将形成依赖，继续使用微信。这种依赖往往使互联网企业占据市场份额，获得市场力量，形成垄断地位。

（四）互联网企业的市场竞争以平台为主要载体

我国市场监管总局对互联网平台作出过定义，是指通过网络信息技术，使相互依赖的多边主体在特定载体提供的规则和撮合下交互，以此共同创造价值的商业组织形态。[③] 亦有学者认为，平台是一种基于外部供应商和顾客之间的价值创造互动的商业模式。平台为这些互动赋予了开放的参与式的架

---

① 张江莉：《互联网市场的新自然垄断与反垄断规制——3Q 之战折射出的反垄断法实施问题》，载《网络法律评论》2012 年第 1 期。

② 张坤：《互联网行业反垄断研究》，湖南大学 2016 年博士学位论文。

③ 市场监管总局：《关于平台经济领域的反垄断指南（征求意见稿）》，http://www.samr.gov.cn/hd/zjdc/202011/t20201109_323234.html?utm_source=ZHShare Target IDMore。

构，并为它们设定了治理规则。平台的首要目标是：匹配用户，通过商品、服务或社会货币的交换为所有参与者创造价值。[1]事实上，互联网平台类似传统的集市，都是为不同的交易双方提供交易的场所，只不过这种场所由于剥离了空间的限制，避免了传统的交易主要限于物质产品的交换，涉及的交易项目和范围更广。互联网平台往往是双边市场。双边市场的概念来源于经济理论，它描述了社会价值通过不同群体的相互作用而产生的情况，这种相互作用是通过使两个群体相互接触的中介来实现的。[2]有学者从理论上对双边市场进行了界定，双边市场指有两个分别独立的 A 群体和 B 群体互相存在需求，平台联系这 A 群体和 B 群体发生交易。平台的收益来源于 A 群体和 B 群体。而 A 群体或者 B 群体加入平台后获得的收益都取决于对方加入平台的数量。[3]以淘宝购物平台为例，阿里巴巴的收益来自淘宝购物平台上的经营者和消费者，但是，淘宝平台上的经营者或者消费者获取的收益[4]取决于对方加入淘宝购物平台的数量。有学者认为，从整个中国的互联网经济形态而言，平台模式是中国互联网经济的典型模式。[5]

（五）互联网企业市场竞争受到网络效应的影响

网络效应（Network Effects）是指，用户越多，产品和服务的价值会随着使用它的用户的增加而增加。网络效应分为直接网络效应和间接网络效应。直接网络效应，指某产品的用户和使用量增加可直接提升产品的价值。比如大众点评，在上面使用的用户越多，评论商家的数量也越多，用户也因此可以作出更加明智的决定，也就是说，在其他条件相同的情况下，更多的参与

---

① ［美］杰奥夫雷 G. 帕克、马歇尔 W. 范·埃尔斯泰恩、桑基特·保罗·邱达利：《平台革命：改变世界的商业模式》，志鹏译，机械工业出版社 2017 年版。

② CERRE, Market Definition and Market Power in the Platform Economy, https://cerre.eu/sites/cerre/files/2019_cerre_market_definition_market_power_platform_economy.pdf.

③ Rochet, J.-C. & Tirole, J, *Platform Competition in Two-Sided Markets*, Journal of the European Economic Association, 2003.

④ 消费者的收益不局限于金钱，也包括可供选择商品的丰富程度等利益。

⑤ 根据该学者的观点，互联网作为信息技术的运用重塑了整个经济形态，对社会产生了广泛和深远的影响，但是互联网经济最后会成为平台经济，主要原因在于它在承接制造业劳动力转移的基础上，契合了低附加值行业的规模化需求，实现了低附加值服务业的规模化效应（家政、餐饮、外卖和出行等）。参见慕峰：《是时候彻底反思中国的互联网经济了》，载虎嗅网，https://www.huxiu.com/article/244983.html。

会带来更高的收益。间接网络效应，指用户由于与另一组用户的参与（或使用）决定的交互而从其他用户的参与增加中获得更大的利益。[①] 这种效应在电子商务平台上表现的最为明显，比如淘宝有两组用户，一组是卖家，一组是买家，在其他条件相同的情况下，更多的买家吸引更多的卖家，反之亦然，这就是间接网络效应。互联网企业用户越多，就越有价值，一旦突破某个临界点，则将导致吞并市场上的其他份额，成为垄断者。

第二节　大数据基本情况

一、大数据的诞生

（一）大数据的定义

基于不同的视角，对大数据可以有不同的定义。北京市海淀区人民法院从用途角度对大数据进行定义，认为"大数据系互联网技术高速发展的产物，表现为通过网络技术无差异地收集网络用户上网信息，根据需要对数据进行整理、挖掘和分析，形成一定的数据库，用以投放广告或者其他用途"。[②] 美国国家科学基金会（NSF）则从大数据来源的视角对大数据进行了定义："大数据是指由科学仪器、传感器、网上交易、电子邮件、视频、点击流或所有其他现在或将来可用的数字源产生的大规模、多样的、复杂的、纵向的或分布式的数据集"。[③] 互联网周刊从对社会的影响的角度对大数据进行了定义："大数据让我们以一种前所未有的方式，通过对海量数据进行分析，获得有巨大价值的产品和服务，或深刻的洞见，最终形成变革之力"。[④]

---

① CERRE, *Market Definition and Market Power in the Platform Economy*, https://cerre.eu/sites/cerre/files/2019_cerre_market_definition_market_power_platform_economy.pdf.

② 参见北京集奥聚合科技有限公司诉北京青稞厚成科技有限公司、刘国清不正当竞争纠纷一案作出的判决，北京市海淀区人民法院（2014）海民（知）初字第 17645 号。

③ NSF, *Core Techniques and Technologies for Advancing Big Data Science & Engineering*（BIGDATA）, https://www.nsf.gov/attachments/124058/public/BIG-Data-Webinar-Honavar-Final-May8with508.pdf.

④ 武锋：《加快大数据发展是大势所趋》，载《全球化》2016 年第 4 期。

大数据定义认可度最高的是高德纳咨询公司（Gartner Group）从技术特征的角度对大数据的定义，认为大数据表现为 3V，即大容量（Volume），能存储的数据从 GB（千兆字节）到 TB（1024GB），直至 PB（1024TB）；快速度（Velocity），技术上对于 TB 甚至 PB 能够快速分析处理；多样化（Variety），大数据包含音频、视频、图片、地理位置信息等各种各样的数据。后来，随着对大数据认识的深入，社会将大数据的 3V 特征增加到 4V。对大数据特征的描述增加了价值维度（Value），即认为有价值的海量数据才叫大数据。[1] 这种定义亦被我国借鉴和吸收。国务院 2015 年 8 月发布的《促进大数据发展行动纲要》（国发〔2015〕50 号）指出，大数据是以容量大、类型多、存取速度快、应用价值高为主要特征的数据集合，正快速发展为对数量巨大、来源分散、格式多样的数据进行采集、存储和关联分析，从中发现新知识、创造新价值、提升新能力的新一代信息技术和服务业态。

（二）大数据诞生的条件

提出大数据概念，并研究、践行大数据在行业中的运用，历程较短。为什么在短短的十几年时间里，大数据的数量得到爆发式增长，并在众多行业里得到普及使用？关键还是在于技术的推动。[2] 首先是传感器和移动智能手机的广泛使用，使得可以更容易地收集数据。电脑本身也是大数据的来源，它内置传感器，能够产生数据。然而，由于时空的限制，电脑中的传感器只能受制于某一个点进行数据收集。随着传感器在 2010 年左右技术的突破，它被广泛地运用于手机、摄像头、个人电脑、穿戴设备等，并将各种物理环境、人类生活动态进行记录、存储、上传转化为数据，最终汇总起来成为大数据。特别是移动智能手机的普及使用，无时不刻不在收集、记录人类的活动数据。据我国互联网络信息中心数据 2014 年 6 月发布的报告统计，我国手机网民规模达 5.27 亿，到 2019 年，我国手机网民规模达到了 9.32 亿。如此广大的手机用户群体对手机的使用能够转化为海量的数据。

其次，云存储等存储新手段的广泛使用，实现可以更大容量地存储数

---

① IBM，What is big data，http：//www–O1.ibm.com/software/data/bigdata/.

② 大数据由产生到使用，一般包括大数据的产生（收集）、大数据的存储、大数据的分析（运用）。缺少任何一个过程，大数据都难以被社会所广泛使用。另外，在收集过程中，没有技术尽可能收集数据的话，难以形成大数据，技术的发展带来的大数据的诞生和发展。

据。存储设备的发展与读取存储内容的速度的加快促进了大数据的发展，以往读取数据速度较慢，影响了对数据的存储。近几年产生了云存储这种新型的存储技术，原来局限在私有网络的资源和数据可以被存储到云服务提供商的共享公共网络上。[①] 存储技术的发展，容量的大幅增加，价格的逐步下降，使社会各界特别是互联网行业摆脱了对存储容量的烦恼。

最后，云计算广泛使用使得大数据处理技术提升。有了海量的数据，还要有对海量数据进行分析，并从中寻找规律或者特点使其运用于商业的能力。一般的技术可以处理单一维度数据，但如果要对文字、图片、音频、录像等多维度、非结构化的数据进行处理，需要速度快、算法准确的处理技术。从谷歌 2006 年提出云计算概念，到 2010 年左右亚马逊推出公众能使用的云计算工具，普通企业、普通人也能运用每秒 10 万亿次的计算能力。这也就意味着，无论多么大的数据，都能被分析、运算，从而挖掘出大数据中潜在的无限价值。[②] 有了云计算，大数据运用从此插上了腾飞的翅膀，在社会中越来越普及。

二、大数据的分类

（一）大数据类型

可以大数据的存在形态将其分为结构化大数据、半结构化大数据和非结构化大数据。结构化大数据是指按照一定的规律和顺序进行存储和表示的数据，数据之间有明确的因果关系。它常以关系型数据库来表示和存储，具体有财务系统数据、人口管理系统数据、医疗系统数据等。半结构化大数据是指具备一定的逻辑流程和格式进行存储和表示，但是格式不固定的数据，数据存储的形式可能是数值型的，亦可能是图像型或文本型的。最常见的半结构化大数据是网络日志，它的存储形式有一定逻辑，但是格式多样。其他比较代表的半结构化大数据有邮件、报表、档案系统、网页等。非结构化数据是指没有固定结构或者没有预定义数据模型存储的数据，包括所有格式的文档、图片、文本、各类报表、音频、视频信息等储存在一起形成的大数据。

---

① 吴军：《智能时代：大数据与智能革命重新定义未来》，中信出版社 2016 年版，第 229 页。

② 李莉：《大数据发展中的中国社会公正问题研究》，延安大学 2017 年硕士学位论文。

从大数据是否公开的角度，可以将其分为公开的大数据和非公开的大数据。公开的大数据是指公开、可以轻易获得的大数据。比如通过网上搜索可以了解到的新闻、广告、公众发文、政府法律法规等等，这些数据的发布者本身希望其能够传播，因此用户采取一定的技术手段就可以获取。不公开的大数据，是指采取措施避免公开的大数据，比如各类企业经营中生产指标或涉及隐私的数据。

从大数据与人的关系角度，可以将其分为个人大数据和非个人大数据。个人大数据是指记录个人信息情况的数据。如欧盟《通用数据保护条例》认为个人大数据是"已识别或可识别的自然人相关的任何信息。这些信息包括自然人的姓名、身份信息、位置数据或者关于自然人的身体、生理、遗传、精神、经济、文化或社会身份的各个方面的信息。"[1] 非个人大数据是指记录的与人无直接关联的数据，比如天气变化数据、电脑运作程序的日志。必须强调的是，没有指向具体个人，涉及群体的数据属于非个人大数据。比如城市人口的流动情况，和对个人数据进行匿名、脱敏化处理后形成的数据等。就目前而言，关于大数据与市场竞争关系的问题，大多集中在个人数据的运用方面。

从互联网企业大数据所处的行业类型角度，可以细分为搜索大数据、娱乐大数据、电子商务大数据、出行大数据、社交大数据等。这种分类涉及互联网企业滥用市场支配地位时相关市场的分类。比如，娱乐大数据与电子商务大数据在界定市场时，就不能被界定为同一个大数据市场。

从增值的角度，可以将其分为原始大数据和增值大数据（大数据产品）。在杭州铁路运输法院审理的"生意参谋案"中，就大数据作此区分，认为原始大数据是网络用户浏览、搜索、收藏、加购、交易等行为痕迹信息外化为数字、符号、文字、图像等方式的表现形式，是互联网企业还没有进行整合处理形成的数据形式。原始大数据对商业是没有直接使用价值的。增值大数据是指互联网企业对基础大数据进行分类、组合、分析、挖掘所形成的对商业有使用价值的数据。大数据产品已经对原始数据进行了加工改造，使其更符合人的需要，因此，其已不是一般意义上的网络数据库，而是一种付出了

---

① Art. 4 GDPR Definitions, https://gdpr-info.eu/art-4-gdpr/.

成本，但也能获取收益的财产权权益。① 由于大数据的使用常涉及数据爬虫抓取的数据界定问题，而区分原始数据和增值数据，对界定数据的所有权，是否存在数据竞争十分关键。

（二）数据、大数据、信息的关系

在对大数据进行分析、使用时，亦需要注意的是大数据与数据、信息之间的关系。一般认为，数据是描述事物的符号记录，各种各样的事情都可以被记录形成数据，如点击鼠标的次数，一年下雨的天数。信息是一个高于数据的概念，它来源于数据，但同时根据人类的需要对数据进行了提取、归纳。数据不等同于信息，信息是有逻辑的数据结构，它通过数据描述了不同事物之间的联系，对人具有价值，包含着人对事物的社会价值判断。② 而大数据与数据本质上没有区别，亦没有明确的定义和案例对数据和大数据进行区分。③ 只是对数据进行了数量上的描述，但是到什么程度，总体上没有绝对的结论，普遍认为，数据的容量超越了人的处理能力，需要借助比较高端的技术手段分析处理。④

三、竞争视角下大数据的特征

正如前面所分析，大数据具有规模大（Volume）、种类多（Variety）、有价值（Value）、处理速度快（Velocity）的"4V"技术特征。因本书讨论大数据领域互联网企业滥用市场支配地位行为的认定问题，因此，有必要基于市场竞争的视角，对大数据的特征进行分析。

---

① 参见杭州铁路运输法院（2017）浙 8601 民初 4034 号民事判决对原始大数据和网络大数据产品的分析。

② 曾雄：《数据垄断相关问题的反垄断法分析思路》，载《竞争政策研究》2017年第 6 期。

③ The Netherlands Ministry of Economic Affairs, *Big data and competition*, https://www.eerstekamer.nl/overig/20170710/big_data_and_competition/document.

④ 有学者认为，大数据与传统数据还是有区别，如在数据类型上，大数据是非结构化格式，数据是行列化格式；在数量上，大数据一般在 100TB ~ 100PB，数据是 10TB 或少于 10TB；在分析方法上，大数据是不间断的数据流，数据是静态数据；大数据的主要目的是基于数据的产品，而数据主要目的是内部决策支持和服务。参见［美］托马斯·达文波特：《数据化转型》，盛杨灿译，浙江人民出版社 2018 年版。

（一）多宿主性

也叫多归属性。同一个数据可以从不同的来源得到。从另外一个角度讲，就是数据存在多宿主。在互联网被广泛应用的时代，用户在多个互联网企业进行消费时，都会提供个人的数据。用户在购物时，会在淘宝上注册、登录；用户进行社交活动时，会在微信上注册、登录；用户在出行时，会在滴滴打车上注册、登录等。甚至在同一种行业类型中，基于不同互联网企业服务差异，用户会在不同互联网企业进行注册。比如，就外卖而言，用户使用饿了么，亦会在美团注册，这样会导致同一用户的地理位置、饮食习惯、性别等数据信息被记录在美团和饿了么两个不同的互联网平台上，归属不同的宿主。数据具有多宿主性，表明不同的竞争者可以从不同的地方获取同一主体相同或者类似的相关数据。

（二）非排他性

也叫非独占性。大数据的非排他性，与大数据的归属性有关，市场上的大数据资源并非有限，一家互联网企业从市场获得数据，并不排斥其他互联网企业获得同样或者类似的数据，比如有人从京东购物平台上买了一个紫砂壶，京东有用户的购买数据，微信支付有用户的购物数据，快递公司也有用户的购物数据。因此，不同用户想了解某种人的购物爱好的话，可以从购物平台获取相关数据，也可以从支付软件获取，甚至还可以从快递公司获取。这也就是说，与传统自然资源的排他性不同，大数据的反复使用并不会对其造成消耗。值得注意的是由大数据的非排他性引申出的大数据另外一个概念，可替代性。数据来源的多样性导致不同数据之间可以互相替代。[①] 例如要了解特定群体的音乐偏好，从酷狗音乐上可以获取相关数据，同时，从百度的音乐搜索排序亦可以分析得出该群体的音乐偏好。

（三）使用价值不确定性

大数据讲究发挥集合的效用，但是大数据的集合就像海洋，需要一定的需求和捕捞技术才能从大海里找到有价值的东西。将这种情况用到大数据身上，可以用洞察力和分析技术来分别代表需求和捕捞技术。洞察力意味着面对浩瀚、未知的大数据海洋，知道从数据海洋里获取哪些有使用价值的东西；而分析技术则意味着有能力从浩瀚的大数据海洋中获取有使用价值的东西。但显

---

① Graef I, *Market Definition and Market Power in Data：The Case of Online Platforms*, 4 World Competition 473, 2015.

然，面对海量的数据，无论是洞察力还是分析技术，都会有较高的要求。特别是由于大数据价值密度低，数量极其庞大，导致成本与获取到的大数据使用价值并不能成正比，从大数据提取的信息，亦可能对用户无重要价值。

（四）使用价值时间性

数据有一定的生命周期性，数据的使用价值会随着时间的推移而有所下降，例如收集的 2010 年互联网用户广告数据在 2020 年就会失去使用价值，或者只能作为制定新的广告策略的参考。因此有学者认为"数据收集和分析越来越多地以实时或接近实时的方式进行。当今世上现有数据中90% 创自于近 2 年，而那些仍未经加工的原始数据中 70% 过 90 天就将过时。历史数据可以用来分析趋势，但被用于实时决策时，比如服务哪个广告，价值相对较小"。[1]

（五）人身性

互联网产品收集的大数据大多带有人身属性。个人访问网站，会有访问 IP 地址以及使用的设备标示，个人使用互联网 App，会有姓名、年龄、职业和爱好等注册记录。人的访问数据，某地域某群体的爱好记录，往往是大数据中的一部分。人的隐私、权利与大数据糅合在一起，使得大数据不仅仅与搜集、存储、使用它的互联网企业有关，亦与个人的基本权利有关，使用大数据的过程牵涉人的姓名权、隐私权问题。为此，欧盟的《通用数据保护条例》专门对大数据使用过程中，数据主体（个人）所享有的知情权、访问权、更正权、可携权、删除权作出了规定。由大数据的人身性又产生了国家数据特征和国家数据主权概念，这构成了一个国家数据安全的问题。比如通过分析不同人的行走轨迹，推断出某个军事地点的位置；又比如通过了解不同人的医疗信息，了解这个国家国民的病理特征，从而推断这个国家国民的身体素质乃至基因特征，为发动生物战争收集信息。

四、竞争视角下大数据的市场价值以及大数据滥用行为带来的竞争损害

在讨论大数据在市场竞争中的作用和可能带来的损害之前，有必要了解大数据是如何在市场中发生作用的。2016 年，经济合作与发展组织（OECD），

---

[1]　Darren S. Tucker & Hill Wellford, *Big Mistakes Regarding Big Data*, Antitrust Source, American Bar Association, SSRN: https://ssrn.com/abstract=254904, 2014.

在其发布的《大数据：将竞争政策带入数字时代》报告中，以互联网企业（平台）为基础，勾画了数据在消费者、互联网企业（平台）、公共部门、内容提供商、信息技术提供者等主体之间进行交换的"大数据生态系统"（见图1）。

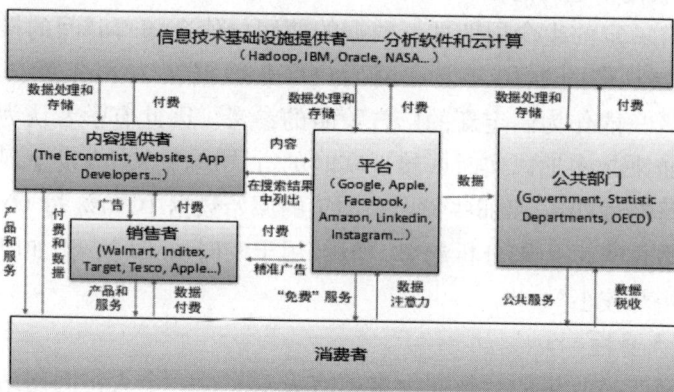

图1 大数据生态系统图[①]

由上图可以看出，互联网企业（平台）在整个数据的交换过程中起着主要的作用。在具体的实践中，互联网平台同时是信息技术基础提供者，互联网平台兼顾了收集、处理、运用的多重角色。互联网企业（平台）在利用大数据进行市场竞争的过程中，能够进一步促进市场竞争，推动社会创新和进步，能够带给消费者更多的福利。但同时，互联网企业利用大数据所形成的竞争优势进行滥用，存在损害竞争，降低经济效率的隐患。[②]

（一）大数据的市场价值

第一，利用大数据提高服务质量。消费者在购物平台上购物前一般会看

---

① 图表来源于 Big Data: Bringing Competition Policy to The Digital Era，笔者将其进行了翻译。参见：https://one.oecd.org/document/DAF/COMP%282016%2914/en/pdf，2021-07-09。

② 也有学者怀疑大数据对市场支配地位认定的影响存在高估，认为数据是排他的、非对抗的、有时效的，容易收集，不能单独带来优势。尽管基于网络效应、用户锁定效应等影响，占据较高市场份额的经营者在数据获取、分析方面具有很大优势，但对市场力量影响有限。参见叶明、张洁：《数据垄断中的几个焦点问题》，载《人民法院报》，2018年12月5日。

用户购买评价，然后根据众多购物者形成的购物评价大数据（物品描述、卖家服务、物流服务）来决定是否购买，这也促使销售者重视服务质量，以获取消费者好评。

第二，利用大数据提高服务效率。在没有大数据前，要十分精准地制发广告较难，但是通过短视频，从用户经常点击的风景或者图片，可以分析推算出用户旅游兴趣的地方，通过大数据收集到的用户偏好数据，与旅游广告公司合作，不定时地在短视频中散发广告，将极大提高广告的针对性和提升吸引客户效率。

第三，利用大数据优化商业模式。在传统的信贷行业中，评估贷款者的信用能力很难，因此，大都以抵押的形式获得对贷款者的信任。然而，到了数字经济时代，用户在互联网企业平台上留下很多关于生活、工作、学习的记录，从而使银行能够精准了解信贷者的爱好、经济能力、价值取向、社会关系网，准确勾勒信贷者的整体形象、还款能力。这种模式下，即便没有抵押，也能放款。银行等金融机构的放贷商业模式发生了根本性的变化。[①]

第四，利用大数据进行预测、分析，掌握事物的规律或者发展趋势。如2011年6月，东方财富网曾经推出"宏观经济数据预测"业务，通过汇总十大券商机构对上月度CPI、PPI、信贷、外贸、工业、投资、消费和当季度GDP数据进行预测，并在此基础上建立模型，通过加权平均的方式得出"机构宏观经济数据预测"结果，为网友投资决策提供参考。[②]

有学者对大数据在市场竞争中的上述作用从价值的维度进行了概括，认为大数据的市场价值可以分为五个维度。一是信息价值，大数据本身是一种信息，能够使企业洞察社会需求，从而提高决策的质量。二是交易价值，大数据可以发现所面对的复杂挑战和问题，提高结果质量，为采用的企业带来利益。三是转型价值，大数据有助于进行创新，从而提高组织绩效，引发企业组织形式或者运营活动带来重大变革。四是战略价值，由于大数据更容易预测客户需求和行为，更容易洞察社会，因此，更容易更快地进行变革，适应社会发展需要。五是基础设施价值，大数据作为一种基本生产要素，可以

---

① 宁宣凤、吴涵：《浅析大数据时代下数据对竞争的影响》，载《汕头大学学报（人文社会科学版）》2017年第5期。

② 李军：《大数据：从海量到精准》，清华大学出版社2014年版。

运用到生活的方方面面，比如开发新的应用程序、工具等。①

（二）大数据领域滥用市场支配地位的危害②

一是可能利用大数据设置市场壁垒。虽然大数据具有非排他性、多归属性，理论上，任何市场主体都可以通过收集或者购买的方式获取大数据。但是在实践中，要有大规模和高质量的数据，必须拥有庞大的客户群和高水平的数据收集、储存和分析技术。法国和德国于 2016 年联合发布的《竞争法与数据》对此专门作了分析，认为收集数据必须有相关的设施和广大的用户群，而这恰恰是小企业所缺乏的，由于互联网产品大都为双边市场，因此在收集数据的一方市场往往是免费产品，这也就不存在用户因价格因素容忍质量较差的互联网产品的情况，而会偏向更高质量的互联网产品。互联网小企业的产品容易被弃用，从而失去大规模收集数据的机会。③

换言之，大数据对市场竞争至少产生了两个壁垒。首先是行业准入壁垒。当一个企业集中收集到某个行业用户的大数据，这个企业在市场竞争中的优势将更加明显。例如打车软件收集用户出行的各种数据，比如地理位置信息、用户出行习惯、用户出行目的地、用户出行时间等，对其进行计算分析，从而有针对性地进行营销，提高用户忠诚度。在这种情况下，其他企业要进入网约车市场，将面临巨大的市场准入壁垒。另外，有些数据仅有少数来源渠道，甚至仅有唯一来源渠道，在这种情况下，数据难以轻易复制，像脸书等社交平台通过挖掘用户的信息，发现用户的情感数据，而复制这些数据很困难或者成本很高，很多数据企业对构造这样一个数据收集点和渠道是

---

① Elia G, Polimeno G & Solazzo G, et al, *A multi-dimension framework for value creation through big data*, 90 Industrial Marketing Management 617, 2020.

② 大数据能够基于经营者集中和垄断协议对社会产生危害，现实中亦有部分案例对此有所关注，在 2014 年 facebook 收购 WhatsApp 时，不少人认为此类经营者集中行为在短时间内能够改变市场的竞争态势，大幅削弱市场竞争。大数据能使市场透明，不同的互联网企业在算法的推动下，监控、分析、预测其他竞争者的价格，并进行合谋，形成一个远超过竞争水平的市场价格，损害市场竞争和消费者权益。由于本书主要聚焦滥用行为问题，因此，本书也主要从滥用视角审查其危害。

③ Competition Law and Data, www.bundeskartellamt.de/Sharedocs/Publikation/DE/Berichte/Big%20Data%20Papier.html；jsessionid=841E4A898EADC9F93B3E23F11271011E.2_cid362.

梦寐以求的，这也将提升准入壁垒。[①]其次是技术壁垒。大数据的价值密度较低，只有对海量的数据进行一定的计算处理才能获取其中的数据价值，而这意味着企业需要高投入建设数据存储中心，具备快速数据处理、云计算等高技术能力。而无论是获取海量的数据，还是对数据进行快速处理分析，都只有具有一定规模和高水平技术能力的少数互联网企业才能达到。这种高技术要求亦提升了小企业进入市场的壁垒。

二是可能利用大数据阻碍社会创新。互联网企业的创新主要分为技术创新和商业模式创新，但是这两种创新都比较容易被拥有强大技术能力和用户群的企业模仿。拥有显著数据优势的互联网企业相当于获得了一个独特的"声呐系统"，对社会特定行业的发展更加敏锐，在有些新生互联网企业创业之初，就能判断、跟踪这些企业对自己是否能够产生竞争威胁。当感到威胁时通过资本收购或者采取手段打压；因此，很多极具创新的企业就会被遏制或收编。[②]当一家小的互联网企业开发出一款创新产品后，互联网巨头就迅速组织技术人员模仿，并利用其拥有的广大用户数据进行精准营销，从而迅速占领市场，挤占小企业的发展，可能导致小企业创新动力不足。

三是可能利用大数据恶化产品（服务）质量。互联网企业通过大数据了解客户需求，并以此不断占据市场，在占据市场支配地位、缺少竞争对手后，企业的逐利性体现出来，在市场经营过程中不是优先考虑为客户提供优质高效的服务和产品，而是最大程度地获取利益。一个有名的例子是百度搜索。由于百度在搜索市场占据绝对优势地位，亦无其他强烈竞争对手，因此，搜索结果以竞价排名，充满了各种虚假数据和广告推广数据，而不是最大满足用户契合度的数据。"大数据杀熟"亦是如此，近年来携程网、滴滴打车、京东通过对消费者的历史消费数据进行分析，对其进行差异化价格展示，使其用户不能在同等价格下获取同等质量的产品或服务。

四是可能利用大数据打击竞争对手。由于大数据在企业的发展过程中所具有的重要驱动作用，占有海量大数据的企业可能将其作为武器打击或者排斥对手。比如通过各种手段避免竞争对手获取数据，阻碍对手公平参与市场竞争和进行技术创新的机会。在实践中，还有一个明显的例子就是数据污染行为，也叫作数据作假，是通过作假行为故意扭曲真实的数据，获取竞争优

---

① 方燕：《论经济学分析视域下的大数据竞争》，载《竞争政策研究》2020年第2期。

② 方燕：《论经济学分析视域下的大数据竞争》，载《竞争政策研究》2020年第2期。

势。正如前文分析，在数字经济时代，关注力就是流量，获得关注力就能获得利益。因此，企业想尽办法获取点击量、关注度，并换取其他用户的虚假认知。由于互联网行业的从众心理，当众多人关注某一样产品时，亦能够吸引其他用户进入关注行列。[①] 在互联网企业平台用户一定的情况下，当大量的用户被吸引到某一互联网企业平台上，其他互联网企业平台获取的用户就会变少，影响正当竞争。

五是可能利用大数据损害个人隐私。在数字经济时代，个人隐私与个人大数据紧密相关，因此，涉及大数据的竞争亦同样涉及个人隐私的问题。占有市场支配地位的企业是否会有足够的动力去保护个人隐私，抑或是故意利用其支配地位剥夺个人隐私？在某个细分市场仅有少数几家互联网企业的时候，往往会发现这样一个事实，新用户注册该企业产品时会面临被动接受与个人数据相关的条款，如果不同意，则不能继续注册、使用该产品。但是，由于该市场上仅有少数这样的产品或者该企业处于市场支配地位，用户失去与企业讨价还价的筹码，只能无奈放弃个人隐私，选择继续使用该产品。

第三节　大数据滥用产生的认定难题和社会总体因应

一、数字经济时代竞争模式的变化以及产生的滥用行为认定问题

任何问题的研究都离不开特定历史背景和历史条件。大数据领域互联网企业滥用行为是在特定的时代背景下开展的，因此，要对大数据领域滥用市场支配地位行为的认定问题进行研究，就必须了解其所处的时代背景。在人类历史上已经产生了农业经济[②]、工业经济[③]、互联网经济，[④] 随着大数据的广泛

---

① 这种行为由于不一定有支配地位，因此其是否属于滥用支配地位行为可能会引发争议。本书在后面会进行分析。

② 在农业经济阶段，人类以手工劳动为主，生产力水平低下，生产与消费统一，人类劳动的目的是满足自己的生活需要。

③ 在工业经济阶段，人类通过蒸汽机等生产工具实现了机器生产代替手工劳动，实现了社会化大生产。人们生产的产品不再满足于个人需要，而是以交换为目的。同时，随着工业生产规模的加大，开始产生垄断。

④ 互联网经济阶段以信息、知识、技术为主要要素，并通过互联网进行生产力转化。

运用，一个围绕大数据发展运用的经济形态——数字经济也奔腾而来。这也是本书研究的一个重要时代背景：数字经济时代。

2016 年，G20 杭州峰会通过的《二十国集团数字经济发展与合作倡议》提出了数字经济这一概念。"数字经济是指以数字化的知识和信息作为关键生产要素，以现代信息网络作为重要载体，以信息通信技术的有效使用作为效率提升和经济结构优化的重要推动力的一系列经济活动。"[①] 我国 2017 年政府工作报告首次提到数字经济，进一步推动数字经济加快发展。数字产业包含数字产品制造业、数字产品服务业、数字技术应用业、数字要素驱动业、数字化效率提升就业等多个方面。[②]

数字经济在互联网经济的基础上发展而来，是互联网经济发展到一定阶段的必然产物。互联网经济的一些特性，比如互联网企业的市场主体、双边市场、注意力经济、网络效应、锁定效应等特征，在数字经济时代都有继承和发展，可以说已经融入了数字经济特征当中。特别需要强调的是，反垄断法是随着工业化大生产导致资源的高度集中而产生的，因此，当前世界各国的反垄断法律主要还是基于工业经济时代的市场特征制定。尽管互联网经济出现后反垄断法亦随之进行过调整或修正，但早期和中期的互联网经济并没有对工业经济时代制定的反垄断法的适用规则提出根本性挑战，因此，总体而言，工业经济时代的反垄断法和互联网经济大部分时期反垄断法的本质内核是一致的。但是，随着数字经济的出现，其市场竞争模式完全有别于反垄断法制定之时的工业经济时代。在竞争模式发生变化的情况下，工业经济时代所形成的滥用市场支配地位行为的认定方式、标准面临一系列挑战。为区别数字经济给工业经济时代制定的反垄断法带来的这种挑战，本书将反垄断法出现并适用的工业经济时代以及互联网经济时代统称为传统经济时代。[③]

---

① 参见 2016 年 9 月杭州 G20 峰会上发布的《G20 数字经济发展与合作倡议》对数字经济的定义。

② 2021 年 5 月 27 日，国家统计局发布了《数字经济及其核心产业统计分类（2021）》，将涉及数字经济的产业分为上述 5 大类。

③ 亦有很多学者认为，人类历史目前只产生了农业经济、工业经济、数字经济，并没有把互联网经济当做一个独立的经济形态，而是将其当做数字经济的一部分，属于数字经济时代的早期形态。因此，从这个意义上讲，本书所指的传统经济主要是指工业经济。

（一）数字经济时代与传统经济时代竞争模式的不同

第一，企业发展受制于成本等因素影响不同。在传统经济时代，企业的生产要素主要是劳动力、资本和土地，企业要发展，必须建立厂房、机器、门面等有形资产。当其发展壮大时，则需要建设大量的生产厂房、生产原料、劳动力，发展成本会随着企业生产规模扩大而逐渐增加。在数字经济时代，企业的生产资料主要是数字化的知识和信息，互联网企业发展规模的边际成本极低，在其发展壮大过程中，尽管用户的增加会增加电力成本，客服成本等运营成本，但是这种成本相对于企业的发展规模和获取收益几乎可以忽略不计。[1] 如互联网企业的一个大数据产品出来后，不管多少人使用，复制该产品的边际成本几乎为零。可以说，大数据产品的发展摆脱了有形生产资料的限制。

第二，数字经济时代是平台驱动的模式。数字经济时代一个重要的改变是平台经济的兴起，众多产生、收集、使用大数据的企业都是平台型企业。而互联网企业的经营模式更多的是建立平台，维护基础设施，吸引参与者形成市场。通过平台为用户提供服务，同时收集数据。[2] 可以说，通过平台进行竞争，是数字经济时代大数据竞争的主要模式。平台驱动的模式也意味着，相对于工业经济下企业的单边市场，数字经济时代下的企业普遍存在双边市场。在工业经济下，企业面对的是单一的用户群，即每一种产品只能针对一个单一的客户群体。尽管企业可能提供多种产品，但是产品之间基本不发生交互作用。企业也是根据同类消费者的需求制定价格并获得利润。如果需求弹性大，价格就低，需求弹性小，价格就高，不同的用户群体不产生相互影响。[3] 然而，在互联网平台中，由于增加一种服务产生的成本可以忽略不计，因此，互联网企业都愿意在平台上开展多种经营，各种服务或者产品之间相互打通。相反，工业经济中企业都围绕自身的产业链增强竞争力，跨

---

[1] 蒋潇君：《互联网企业滥用市场支配地位行为的反垄断法规制研究》，对外经济贸易大学 2014 年博士学位论文。

[2] 徐远：《数据驱动的新经济》，载《经济观察报》，http://www.eeo.com.cn/2018/1008/338311.shtml。

[3] 李剑：《双边市场下的反垄断法相关市场界定——"百度案"中的法与经济学》，载《法商研究》2010 年第 5 期。

领域竞争成本和风险都较高，因而结构也相对保持稳定。[1]

基于平台经济对市场竞争的重大影响力，2020年12月，欧盟委员会公布了《数字市场法案》，首次在立法上提出了"数字守门人"的概念，设置三个条件，即在欧盟内部市场有重大影响力（市值不低于650亿欧元），是商户接触消费者的重要渠道（有多于10000户/年的活跃商户），相关业务市场中享有牢固和持久的地位（近3年，每个财年都拥有超过4500万人/月的活跃消费者）。对于数字守门人，禁止其利用在数据共享、软件安装、平台选择、广告推广等方面的优势地位限制市场竞争，从而确保重要数字服务市场的公平性和开放性。[2]

第三，数字经济时代的竞争往往以收费产品补贴免费服务。受到平台驱动下的双边市场特征影响，互联网企业往往连接着双边市场，提供服务给用户，又从用户那里获取数据。当互联网企业从用户那里获取的数据有重大价值时，互联网企业往往通过收费一方市场获取的利益来补贴产生数据的一方市场。比如百度免费提供搜索服务给用户，但是，通过免费搜索得到的数据销售（精准广告）获得的费用来补贴搜索服务市场。

第四，数字经济时代以大数据为核心驱动力。数字经济的根本在于大数据，可以说大数据是数字经济的核心内容和重要驱动力，数字经济全方位体现了大数据的价值。在数字经济时代，企业能够通过大数据强化自身的信息搜集能力、信息处理能力、定制化能力、观察需求能力，更能使企业精准地了解消费者的需求。数据不仅是人工智能的关键要素之一，也是许多在线服务、生产过程和物流的关键。因此，利用数据开发新的创新服务和产品的能力使现有企业具有强大的竞争优势。[3]在传统经济时代，物质资料、劳动力等因素是市场竞争的主要影响因素，在数字经济时代，数据资源成为关键竞争资源，大数据是决定市场竞争力的关键因素。[4]

---

① 陈畅：《互联网企业滥用市场支配地位的反垄断法思考》，载《湖北师范学院学报（哲学社会科学版）》2016年第2期。

② 杨婕：《透视"数字守门人"制度：对大型平台的事前监管机制》，载CAICT互联网法律研究中心网站，https://www.secrss.com/articles/31435。

③ J. Crémer, Y. de Montjoye & H. Schweitzer, *Competition Policy for the digital era: Final report*, Publications Office of the European Union, Luxembourg, （2019）. https://ec.europa.eu/competition/publications/reports/kd0419345enn.pdf.

④ 丁文联：《数据竞争的法律制度基础》，载《财经问题研究》2018年第2期。

（二）数字经济时代竞争模式变化给大数据领域滥用行为的认定带来的挑战

反垄断制度诞生于工业经济时代，经历了互联网经济时代，步入了数字经济时代。在数字经济时代，大数据改变了市场竞争规则，给大数据滥用行为的认定带来了挑战。

第一个挑战是，大数据滥用是否需要规制。由于数字化进程的发展，大数据无处不在，而大数据本身又具有非排他性、可复制性等特点，也就是说，大数据并不是难以获得。在这种情况下，拥有大数据并不一定等于拥有市场力量，因此，当不具有市场力量时，是否还需要反垄断法进行对其产生的滥用行为进行法律规制？

第二个挑战是，侵犯隐私权是否属于反垄断意义上的滥用行为。在数字经济时代，由于大数据本身所具有的人身性，互联网企业可能利用大数据揭露个人隐私，亦可能为了获取更多的大数据而过度收集数据（隐私），还可能为了利用数据而利用市场势力逼迫用户出让个人数据（隐私）。侵犯隐私本质上属于侵犯消费者权益的问题，是否有必要引用竞争规则来解决？特别是隐私涉及竞争损害的问题，即多大程度侵犯隐私才能构成反垄断意义上的滥用？不同用户对隐私有不同标准容忍度，如何才认定构成滥用？

第三个挑战是，"大数据杀熟"是否属于反垄断意义上的滥用行为。部分互联网企业根据顾客在购买企业商品中的历史数据，利用数据算法对商品的价格进行调整，剥削消费者的利益，也就是"大数据杀熟"。互联网企业在该领域并不占据传统意义上的支配地位，但是利用了数据算法这一技术，以实现稳定客源，降低销售成本，获取竞争优势的目的。这种行为是否属于传统的滥用支配地位？换言之，其有明显的竞争损害，但不一定有市场支配地位，亦不符合传统意义上滥用支配地位的认定标准，是否应被认定为不构成滥用市场支配地位行为？

第四个挑战是，拒绝数据抓取行为是否属于反垄断意义上的滥用行为。由于互联网企业收集、存储大数据本身付出了较多的成本，因此，互联网企业往往不愿意将大数据提供给他人免费使用，很多专家学者亦认为，互联网企业投入了大量的资金和技术进行大数据收集、存储，若他人可以免费抓取，企业就没有动力收集、存储大数据，最终对数字经济发展不利。因此，拒绝数据抓取是互联网企业的正当权利。但是，在实践中，大数据往往为少数企业所掌握，因此，当掌握大数据的互联网企业拒绝他人抓取大数据时，非互联网大数据企业难以获得相关生产和服务的必要基础，从而使市场先进入者将市场支配力从上游市场传导至下游市场，垄断下游市场的竞争，降低创新动力，损害整体市场的竞争和发展。在 HiQ vs.LinkedIn、Craigslist vs.3Taps 等案件中，法院亦是这种观点。[①]

对这些问题进行分析，会发现所有的争议和问题都集中在大数据领域滥用行为认定的方法和标准上。正如前面所阐释的，在工业经济条件下仅有单一市场，且市场是静态的，扩张受到成本影响，滥用行为在市场上大都可以观察，而在数字经济时代，传统的竞争规则要面临两个甚至多个市场的选择，其市场永远处于动态竞争的环境中，且因互联网企业的平台化，不同产品的大数据形成一个数据生态系统，相互融通。也就是说，在市场结构已经发生改变的情况下，以工业经济时代的视角和方法去界定数字经济时代互联网企业的相关市场、市场力量、滥用行为，无疑会面临更多的争议、难题和不确定性。也正因为如此，有人认为现有的反垄断框架不再适应大数据市场。经济学人就有文章提出："有理由关心，互联网公司对数据的控制给了它们巨大的力量，考虑到石油时代涉及的竞争，旧的方式在现在的情况下看起来已经过时了，"数据经济"需要一种新的方法。"[②]

二、数字经济时代社会对滥用行为认定问题的理论和实践探索

如何应对大数据发展给反垄断理论以及滥用行为认定标准、方法带来的挑战，是各国都面临的重要问题。基于此，各国反垄断机构、研究反垄断立法的专家都发表了一些学说和观点，有关机构以报告的形式对大数据的反垄断问题做了系统的调查、分析[③]，并提出了许多有创新性的意见。本书整理了2016 年至 2020 年部分国家机构和学者发布的涉及大数据反垄断的重要报告，

①　李荣、陈祉璇：《大数据反垄断的挑战与规制优化》，载《石河子大学学报（哲学社会科学版）》2019 年第 5 期。

②　*The world's most valuable resource is no longer oil*，*but data*，The Economist，https：//www.economist.com/news/leaders/21721656-data-economy-demands -new -approach-antitrust-rules-worlds-most-valuable-resource，2017.

③　也有学者以论文的方式进行讨论，考虑到报告的形式更加全面、系统，特别是很多报告由官方机构发布，因此本部分主要对相关报告进行分析讨论。有关专家学者的观点，本书在其他章节会加以引用，分析。

特别是有关滥用大数据市场支配地位的报告（见表2）。

表2　近年来世界各国大数据反垄断报告

发布年月	报告标题	发布机构或者作者	主要内容
2016.5	竞争法和数据	法国竞争管理局和德国联邦卡特尔局	分析了与大数据有关的竞争法方面的问题，特别是在评估数据、市场力量和竞争的相互作用过程中需要考虑的重要问题和衡量因素。
2016.11	大数据：将竞争政策带入数字时代	经济合作与发展组织（OECD）	描述了"大数据生态系统"以及产生的竞争问题，讨论大数据如何影响竞争法的实施，并介绍了通过数据实施的排除性滥用行为。
2016.6	平台与网络的市场力量	德国联邦卡特尔局	在认定滥用市场支配地位时候，要考虑互联网平台、网络市场和大数据具体特征的影响。
2017.2	大数据与竞争政策：市场力量、个性化定价和广告	欧洲监管中心	分析和评估了因大数据所产生的市场力量以及滥用市场支配地位，并以此推荐了一套分析和治理的框架。
2017.6	数据与竞争政策调研报告	日本公平贸易委员会	对于大数据有关的竞争法应该适用的原则、条件、理论依据以及相关进行了系统讨论、分析。
2017.6	大数据与竞争	荷兰经济事务部	从数据的特性、数据与市场力量、损害理论、竞争政策以及相关案例对大数据与竞争的关系进行了梳理、分析。
2018.2	大数据与创新：加拿大竞争政策主题	加拿大竞争局	梳理了与大数据相关的主要竞争政策和执法主体后认为，大数据时代规范大数据竞争应调整执法工具与方式，但其调查和分析将仍以基本的竞争执法原则为指导。
2019.11	算法与竞争	德国联邦卡特尔局与法国竞争管理局	主要阐释了大数据的算法问题，特别是阐释了算法的概念、类型、运用领域，调查算法面临的挑战，并重点阐述了算法与共谋这个具体问题

续表

发布年月	报告标题	发布机构或者作者	主要内容
2020.7	竞争 2020 双年报告①	德国垄断委员会	专门就如何简化、优化竞争法程序，更有效地规制、处罚在线平台企业滥用市场势力提出了建议
2020.10	数字市场竞争调查报告	美国众议院司法委员会	认定脸书、谷歌、亚马逊、苹果四大互联网平台企业所形成的垄断地位打压了竞争者，对市场创新也极为不利，因此，建议改革反垄断法，并强化对互联网巨头的规制，以适应数字时代的变化

　　从政府和相关组织发布的系列报告来看，各国由于文化传统、经济特点、社会制度等存在区别，故关于大数据领域滥用行为的分析重点、角度存在较大差异。但从这些报告中，仍可以看出世界各国在大数据领域互联网企业滥用市场支配地位认定问题上的总体看法。

　　首先，世界各国总体上肯定了大数据在市场竞争中的作用，亦认可其存在重大滥用风险。2020 年 10 月，美国众议院司法委员公布了针对互联网企业科技巨头垄断的《数字市场竞争调查报告》，该报告认为，互联网企业的垄断，影响了市场竞争、社会创新和消费者权益，建议改革现行反垄断法律，并对苹果、亚马逊、谷歌、脸书等互联网巨头进行拆分。② 加拿大竞争局发布的《大数据与创新：加拿大竞争政策主题》，日本公平贸易委员会发布的《数据与竞争政策调研报告》，法国竞争管理局和德国联邦卡特尔局发布的《竞争法和数据》等都肯定了大数据的价值，在推动社会经济发展中有重大价值，谁拥有大数据，谁就拥有市场上不可比拟的市场支配力；但同时也指出了大数据集中在少数互联网企业（平台）手中，导致潜在市场无法获取充足的数据，形成了市场壁垒，阻碍了市场竞争。

　　其次，总体上认可传统滥用市场支配地位行为的认定方法的适用性，但

----

① 这个报告的"数字平台经济中滥用行为的控制"部分专门介绍了大数据的滥用行为问题。

② 王晓晔：《数字经济反垄断监管的几点思考》，载《法律科学（西北政法大学学报）》2021 年第 4 期。

是也指出应该对其进行改良。从英国竞争与市场管理局、德国联邦卡特尔局、法国竞争管理局以及经合组织等机构出具的调研报告来看，大都认为现有的反垄断法框架基本能解决大数据引发的各种问题，只有面临难以处理的问题时，才需要修订现有法律规则。特别是传统反垄断法的竞争规则本身具有灵活性，因此，执法部门在执法过程中在变通现有规则的基础上足以应付大数据带来的反垄断问题。比如，加拿大竞争局于 2018 年 2 月所发布的《大数据及创新：加拿大竞争政策主题》报告指出，大数据并非一个全新现象，竞争法中的基本原则在分析大数据领域的滥用市场支配地位时仍然有效，对滥用行为的审查仍然离不开分析传统框架下市场定义、市场力量，支配地位，竞争效果等因素。只不过，在数字经济时代，考虑到互联网企业具有平台性、网络效应等特征，分析大数据领域的滥用市场支配地位时，需要根据上述特征对考量因素和分析方法进行调整。①

针对大数据领域滥用市场支配地位的规制以及认定问题，世界各国有关机构除了通过发布有关调研报告，探索大数据与反垄断的关系以及应对方式外，在司法实践中亦开始通过立法和执法予以回应。

德国从滥用支配的角度对立法进行实质修改。2017 年 6 月 9 日修改生效的《反对限制竞争法》中新增"数字市场反垄断法条款"，使"平台"和"数据"这两个关键词成为法律专业用语，产生规范性的约束力。德国因此成为世界上第一个在成文法中明确规定数字市场反垄断法的国家。②2019 年，借转化欧盟新指令的机会，德国《反对限制竞争法》第十次修订启动，该修正案修改了对数字经济平台"滥用行为规制"的定义与关于"滥用行为"的相关措辞，新增了"获取与竞争相关的数据"这一因素，使得此类数据成为判定企业是否存在认定市场支配地位的主要标准。如果企业拒绝他人获取此类数据，可能涉嫌滥用市场支配力。该修正案亦为欧盟境内树立典范，其执

---

① Competition Bureau of Canada, Big Data and Innovation: Key Themes for Competition Policy in Canada, http://www.competitionbureau.gc.ca/eic/site/cb-bc.nsf/vwapj/CBReport-BigData-Eng.pdf/$file/CB-Report-BigData-Eng.pdf.

② 周万里：《数字市场反垄断法——经济学和比较法的视角》，载《中德法学论坛》2018 年第 1 期。

法标准或为欧盟提供经验。①

2020 年末，欧盟委员会发布了涉及大数据的两个重要法律——《数字市场法》（Digital Markets Act）和《数字服务法》（Digital Services Act），明确了数字服务提供者的责任，对欧盟反垄断法进行了重构，以加强对社交媒体、电商平台和其他在线平台的监管。其中，《数字市场法》适用于"守门人"（gatekeeper）公司。② 与欧盟的上述法律类似，为强化对大型互联网企业大数据的使用规范，2021 年 6 月初，美国国会众议院公布了《终止平台垄断法案》《美国选择和创新的在线法案》《平台竞争和机会法案》《通过启用服务交换法案增强兼容性和竞争性》《合并申请费现代化法案》五项法律草案。

在数字行业反垄断执法方面，近年来，德国联邦卡特尔局针对脸书公司未经用户允许收集数据的行为，以滥用市场支配地位的角度进行了查处。英国竞争与市场管理局和欧盟委员会也针对苹果公司在其应用商店相关商业行为中滥用了市场支配地位开展调查。③

大数据的滥用问题也引发我国相关立法部门的重视。2019 年 1 月 30 日，我国市场监管总局发布《禁止滥用市场支配地位行为的规定（征求意见稿）》，首次就互联网经营者的市场支配地位作出规定；2019 年 1 月 1 日起施行的《中华人民共和国电子商务法》引入了滥用市场支配地位和相对优势地位条款；2019 年 10 月，我国文化和旅游部发布的《在线旅游经营服务管理暂行规定（征求意见稿）》第 16 条明确规定对大数据"杀熟"进行打击；2020 年 1 月公布的《〈反垄断法〉修订草案（公开征求意见稿）》第 21 条将"掌握和处理相关数据的能力"作为认定经营者市场支配地位的重要考虑因素；2020 年 11 月，我国市场监管总局下发了《关于平台经济领域的反垄断指南（征求意见稿）》，进一步明确了垄断的定义、滥用市场支配地位行为的认定，以及对垄断调查、执法和考量因素。

---

① 康恺：《德国修法加强对数字经济的干预与监管》，载《第一财经》，https://www.yicai.com/news/100493009.html。

② "守门人公司"指在过去三年中收入超过 65 亿欧元，或在上一个财政年度中拥有平均市值或等效公平市值至少 650 亿欧元的公司。

③ 郑孜青：《欧盟反垄断最新进展与影响》，载《中国外汇》2021 年第 10 期。

第三章 大数据领域反垄断目标的回归与校正

法律制度的价值理念，特别是立法目标（目的）决定了具体规则的基本内容和实施路径。反垄断法是市场经济的重要捍卫者，其立法目标确认了反垄断制度的基本价值取向，立法目标在反垄断法中具有先决性和统摄性。[①]然而，立法目标并不是凭空产生，总是扎根于一定的历史土壤和时代背景。同时，社会发展处于变革时期，立法目标又有重要的指导和促进作用，它能指导具体规则的设计，或者在没有具体规则时候，根据目标推断出相应的规制手段，从而给现实社会指导。换言之，任何法律制度所期望达到的社会效果由该项法律制度的价值目标所决定。规制大数据领域滥用行为的反垄断法律制度的规则如何解释、适用以及最后实施效果，很大程度上取决于该项法律制度中确立的价值目标。[②]

在工业经济时代，在美国芝加哥学派的影响和倡导下，消费者福利这个经济学概念逐步演变成了一个有特定含义的法律概念，并被树立为反垄断法上的主导性目标。因消费者福利属于经济学概念，故消费者福利目标影响下的滥用市场支配地位认定分析框架也主要基于经济学上的效率分析框架。这也导致了世界各国反垄断目标变为一种追求经济目标的导向和一种技术性的分析方式。在工业经济时代，这种反垄断目标还有存在的合理性和进步性，到了数字经济时代，这种反垄断价值目标定位显示出它的局限性，已不能很好地适应数字经济时代的大数据竞争，亦不能对社会出现的众多滥用大数据的行为予以有效的指导与规制。

第一，在数字经济时代，大数据成为了社会发展的核心动力，也改变了社会商业模式、产品形态。因此，基于工业经济时代确定的反垄断目标已经不能回应数字经济增长和演变带来的创新、效率和消费者福利的各种变化。

[①] 王巍、张军建：《论我国反垄断法的立法目的》，载《湖南社会科学》2006年第1期。

[②] 任何法律的出现都是多种价值取向博弈的结果，对于大数据的如何使用亦存在多种价值序列的博弈，这种价值博弈的结果是法律制定所希望达到的目标。因此，本书讨论反垄断目标，本身亦是在讨论不同经济时代反垄断法体现的不同价值取向。

比如数据爬取纠纷涉及的数据权利归属问题，既可以规定归属于数据来源者，保护人身权；亦可以规定归属于数据收集者，激励其收集大数据，扩大大数据产业规模；还可以规定归属于数据抓取者，推动数据流动和大规模创新性使用。因此，如何选择归属，涉及保护数据生产者、数据搜集者和数据抓取者不同利益的博弈，这就需要通过确定大数据使用目标来决定。[①] 而传统的消费者福利目标考量并不能兼顾所有市场主体的利益，细言之，若按照传统的主要考虑经济利益的消费者福利目标进行判断，将导致极大影响市场竞争的消费者隐私等人身权问题不能在反垄断过程中进行解决。

第二，在数字经济时代，规模较大的互联网企业逐步成为具有统合能力、创新能力、引导能力的超级经济体，它们不仅是市场游戏的参与者，甚至成为市场游戏规则的制定者，在这种情况下，把它们局限于实现产生经济效率和消费者福利目标的市场主体，是对这些互联网企业或平台在社会生活和市场经济活动中作用的忽视[②]，并没有考虑到它们对社会、文化、生活各个层面的巨大影响和干预。

第三，在数字经济时代，数据的收集、分析和使用成为一种新的商业形态，大数据杀熟、平台"二选一"、算法优先推荐产品等市场行为在市场竞争者看来，是一种新的竞争形态和商业战略。面对这样一种新的竞争形态，执法部门和消费者不免会疑惑这是否属于反垄断法中的市场滥用行为。比如，互联网企业获取私人数据后，以会导致泄露隐私为名义拒绝共享数据，从而获取或维持市场支配地位。这种行为并未违背工业经济时代消费者福利目标的保护，如何对其进行定性？换言之，滥用大数据隐私行为，并不能用消费者福利目标中的经济分析方法进行分析。这到底是一个反垄断问题还是消费者权益保护问题？基于传统的反垄断目标很难回答。

基于此，本书认为，要对大数据领域滥用市场支配地位行为进行认定，首先要概述大数据领域反垄断法所规制的范围——而这在某种程度上是由反垄断制度的目标所决定。目标决定分析路径（分析框架），只有这样做，才能确定反垄断法如何适用于大数据竞争，并通过大数据反垄断目标的讨论厘清大数据的相关市场范围、支配地位和滥用行为的认定，以及什么情形应该

---

① 张江莉：《数据再使用背景下的数据竞争界限》，载中国知识产权资讯网，http://www.cipnews.com.cn/cipnews/news_content.aspx?newsId=121232。

② 陈兵：《因应超级平台对反垄断法规制的挑战》，载《法学》2020 年第 2 期。

进行规制。必须指出的是，反滥用市场支配地位制度作为反垄断制度的一个部分，两者目标本质上是一致的，因此，本书所阐释的反滥用市场支配地位行为的目标本质上就是反垄断目标，只不过基于传统语言行文的方便，使用反垄断目标进行表达。

第一节　前数字经济时代反垄断目标历史考察

自 1890 年美国《谢尔曼反垄断法》通过以来，在漫长的反垄断历史长河中，消费者福利目标成为当前世界反垄断的主要目标。消费者福利目标的内涵外延是什么？它是怎么产生的？通过这部分的回顾，有助于理解反垄断目标与社会经济、文化传统、哲学思潮之间的关系，深刻理解特定时代反垄断目标的主要考量因素。特别是通过纵向考察历史出现的不同反垄断目标，为构建适合社会发展需要的大数据领域的反垄断目标提供科学借鉴。反垄断目标离不开反垄断理论的指引，反垄断目标是在各国反垄断理论思想以及经济社会发展实际需求的融合下产生的，因此，有必须将各个历史阶段的反垄断思想和反垄断目标结合起来考察。

一、历史上的主要思想学派及其反垄断目标

（一）秩序自由主义思想及其反垄断目标

20 世纪 30 年代，随着自由资本主义向垄断资本主义的转变，垄断所导致的一系列阻碍和限制竞争的后果逐渐显现，完全自由放任的政策成为市场无法克服的弊端，因此，以德国弗莱堡大学的瓦尔塔·欧肯、弗兰茨·伯姆、汉斯·格罗斯曼等经济学家和法学家为主体的学者开始系统反思法律在市场竞争中的作用，希望在汲取魏玛时期和纳粹时期法律制约失常的基础上，更好发挥法律在保护竞争中的作用，既要避免纳粹时期政府对社会和经济生活处处控制的不幸，又要避免魏玛时期经济力量无所顾忌、放任自流。基于此，针对处理政府控制与市场竞争之间的关系，形成了一整套理论和学派，称之为"秩序自由主义"或者"弗莱堡学派"。

该学派最主要的反垄断理论是，国家应选择一种基于竞争和经济自由的

经济秩序或者体制，并致力于保护这种秩序——以竞争为中心的经济秩序。[1] 即，在自由放任与中央计划之间选择第三种资源配置方式，力求该机制能够在实现充分竞争的同时，保证经济秩序、实现自由竞争与有限国家干预有机结合的反垄断目标。[2] 秩序自由主义思想还主张反垄断法在国家经济体制和政治体制中具有核心地位，并强调追求的价值目标不应仅限于经济效率，还应追求诸如个人自由、人间尊严等政治哲学价值。[3]

这种秩序自由主义思想根源于欧洲大陆的文化传统，对具有市场支配地位的企业抱有高度的警惕，提倡及时通过立法保护竞争、规范市场秩序，避免具有市场支配地位的企业利用其经济力量颠覆市场经济的价值，并破坏民主。[4] 受弗莱堡学派思想的深刻影响，欧盟形成了严格限制具有市场支配地位企业的市场行为的制度传统。[5]1957 年，德国制定的欧洲大陆的第一部现代竞争法《反限制竞争法》，便是在弗莱堡学派理论的引导下制定，其立法目标在于保护竞争过程不被私人经济力量扭曲。[6]

（二）平民主义思想及其反垄断目标

在平民主义思想看来，社会不仅要排除政治权力的集中，也要排除经济权力的集中，只有在中小企业构成的多元经济社会，才能保证社会财富均等分配到每个阶层，因此，对于经济集中行为应该予以严格规制。平民主义思想在 1890 年美国制定的世界第一部反垄断法《谢尔曼法》中得到集中体现，该法的反垄断目标在于反对市场势力高度集中，促进市场多样性与市场进入无障碍。

平民主义思想被哈佛大学的一批经济学家通过经济学分析的方式进行了

---

[1]　孔祥俊：《论互联网平台反垄断的宏观定位——基于政治，政策和法律的分析》，载《比较法研究》2021 年第 2 期。

[2]　袁嘉、梁博文：《有效创新竞争理论与数字经济时代反垄断法修订》，载《竞争政策研究》2020 年第 3 期。

[3]　戴龙：《滥用市场支配地位的规制研究》，中国人民大学出版社 2012 年版。

[4]　F. Felice & M. Vatiero, *Ordo and European competition law*, 32 *A Research Annual*, 2015.

[5]　吴韬、郑东元：《经济分析如何融入法律过程：欧盟竞争法改革的得失及启示》，载《财经法学》2021 年第 1 期。

[6]　孔祥俊：《论互联网平台反垄断的宏观定位——基于政治，政策和法律的分析》，载《比较法研究》2021 年第 2 期。

传承和拓展。这批观点较近的经济学家后来被称为"哈佛学派"。他们认为，衡量市场结构的一个重要指标是市场集中度（市场份额），因此，要规制垄断，必须干预市场的集中度，调整市场结构。[1]同时，他们还提出了一种新的研究模式，即 SCP 研究模式（Structure-Conduct-Performance），通过市场结构、企业行为和市场绩效的因果关系分析，认为特定的市场结构预示着一定的企业行为，而一定的企业行为又导致一定的市场绩效。[2]换言之，企业的经营绩效受到企业经营行为的影响，而企业的经营行为受制于市场结构的变化，因而市场结构在反垄断规制中居于核心地位。当市场结构从完全竞争走向完全垄断后，企业经营行为将发生明显改变——企业在占据市场支配地位后，往往会滥用市场控制力，扼杀技术创新，排除或限制同类竞争。[3]由于该学派提出市场结构决定市场行为，市场结构的不平等必然导致市场行为的滥用。这种对竞争的理解是 20 世纪中期反垄断法的思想基础，对各国的反垄断法律和政策产生了重要的影响。部分国家在该价值理念指引下，在市场竞争中要求保持各种企业之间市场规模的相对平衡，不允许大型或者超大型企业的存在，因此，其反垄断政策注重对大型企业实行拆分、禁止合并。

（三）经济效率思想及其反垄断目标

随着《谢尔曼法》在美国的实施，实施过程中的一些问题也逐渐凸显出来。作为经营者，企业都希望不断通过自身的管理、创新实现企业的飞速发展，不断占领市场。然而，由于《谢尔曼法》的反垄断目标是反对市场势力高度集中，导致不少发展良好的企业在发展过程中受到《谢尔曼法》的众多限制。同时，《谢尔曼法》主张个人要免受大型企业的侵害，但是由于高效率的企业无法发展壮大，个体消费者往往需要支付高价才能购买到合适的产品，消费者的利益也受到损害。美国前联邦贸易委员会主席威廉·科瓦契奇

---

[1] 美国学者柯安（L.M. Khan）在其著作中曾经归纳了一小撮企业主导的市场比有许多中小企业参与的市场更缺乏竞争的原因：垄断和寡头市场允许支配企业更容易以更微妙的方式协调，助长了固定价格、市场份额、默示勾结等行为；垄断和寡头企业可以利用现有的优势地位阻碍新的进入者；垄断和寡头企业在面对消费者、供应商和员工时，讨价还价能力更强，这允许它们在不损失利润的前提下提高价格，降低质量。

[2] Hovenkamp H, *The Antitrust Enterprise: Principle and Execution: An Introduction*, Journal of Corporation Law, pp.287-292, 2006.

[3] 李虹、张昕竹：《相关市场的认定与发展及对中国反垄断执法的借鉴》，载《经济理论与经济管理》2009 年第 5 期。

和前反垄断司副助理检察长卡尔·夏皮罗认为："大多数经济学家在 19 世纪后期蔑视《谢尔曼法》，该法令最好的情况是不产生任何作用，企业或者组织依旧变得越来越大，最坏的结果就是阻碍企业组织的效率。"[①] 可以说，不仅市场主体对平民主义思想主导的《谢尔曼法》不满，美国的司法和执法部门亦对市场结构主义产生了异议。保持特定的市场结构当然可以成为反垄断的目标，但是这种目标只是阶段性或手段性的，保持市场结构是为了什么呢？为了避免企业过大后影响政治，形成政治权力？还是提升经济效率？抑或是为了消费者的权益？反垄断执法者为保持市场结构，导致反垄断的具体目标相互冲突。美国反垄断专家，D.C 巡回法官道格拉斯·金斯堡（Douglas H. Ginsburg）就得出结论，"美国最高法院根本不知道它在反垄断案件中在做什么。"[②]

　　在这种情况下，以芝加哥大学老师和学生为代表的一批经济学家和法律学者为此展开了反垄断目标的激烈讨论，其观点融合后，形成了较为统一的学术流派，即芝加哥学派。该学派的观点认为，社会政治目标通过反垄断法很难实现，反而提高消费者的经济福利目标通过反垄断法触手可及。反垄断法有益于竞争，而竞争主要受益者是消费者。竞争可能导致价格下降，这意味着消费者能够购买更多或种类繁多的商品，以提高其福祉。竞争还可能导致质量、服务和创新方面的好处，为消费者提供更容易或更简化的体验。这种好处可能会给消费者留下更多的时间（和精力），从事其他活动，而这些活动基本上都是以前定价过高而不能进行的。[③] 为此，毕业于芝加哥大学的美国前司法部副部长兼联邦政府首席律师罗伯特·博克将反垄断目标归纳为消费者福利，而不是其他。其公认为最有影响力的著作《反托拉斯悖论》明确表示，反垄断法的唯一目标即是消费者福利，而实现这一目标的最好办法是提升经济效率，当社会的经济资源得到分配，使

---

①　William E. Kovacic & Carl Shapiro, *Antitrust Policy: A Century of Economic and Legal Thinking*, 14 Journal of Economic Perspectives 44, 2000.

②　Ginsburg D H, *Originalism and Economic Analysis: Two Case Studies of Consistency and Coherence in Supreme Court Decision Making*, 1 Harvard Journal of Law & Public Policy 217, 2010.

③　Elyse Dorsey, *Antitrust in Retrograde: The Consumer Welfare Standard*, Socio-Political Goals, and the Future of Enforcement, The Global Antitrust Institute Report on the Digital Economy 4.

消费者能够在技术限制允许的情况下充分满足其需求时，消费者福利是最大的。[1]

二、消费者福利目标下反垄断体系的特点和作用

消费者福利目标下的反垄断体系并不是一个简单的概念，而是包含着一整套有逻辑性的反垄断分析框架，在某种程度上也确定了反垄断案件的共同语言，为保障司法机关和市场主体就反垄断案件进行规制提供了方法。

（一）消费者福利目标下反垄断体系的主要特点

芝加哥学派本身属于经济学流派，因此，基于消费者福利的反垄断目标占据社会主流地位后，其基于经济学理论产生的反垄断分析框架也逐步取代了哈佛学派基于市场结构的反垄断分析框架。该学派的竞争者通过追逐利润以推动市场效率的观点，也成为消费者福利目标下反垄断体系中重要的内容。具体而言，该反垄断体系主要体现为三个方面的特点。

第一，主要追求经济目标。根据该学派理念，反垄断的唯一目标是消费者福利，提升消费者福利主要通过提高经济效率；在消费者福利目标指导下，反垄断与经济分析就这样连接了起来。同时，《谢尔曼法》早期执行的各类反垄断案件在追求政治目标的过程中并不成功。故此，在总结经验的基础上，芝加哥学派在反垄断目标中拒绝考虑社会政治因素。

第二，反垄断分析框架主要基于价格理论。芝加哥学派认为市场势力集中程度只是反映了市场的动态，要看待反垄断问题还是基于市场价格。因此，证明存在反垄断法意义上的损害，则必须证明对消费者福利的损害。评估这种损害的标准一般是价格增加或产量限制。也就是说，在消费者福利目标下损害的经济分析框架有两个重要的要素，一是价格，二是结果，从以往注重对竞争形态的过程分析转向了消费者福利，并以价格分析取代了市场结构（市场势力集中程度）分析。

值得注意的是，芝加哥学派基于价格建立了一整套具体的、可操作性的判断垄断行为的分析框架。比如认定滥用市场支配地位行为一般分为三个步骤，一是确定属于同一个相关市场，二是在这个特定市场上具有市场支配地位，三是利用这个特定市场上的市场控制力实施了滥用行为。在芝加哥学派

---

[1] Brietzke P H & Robert Bork, *The Antitrust Paradox*：*A Policy at War with Itself*, Valparaiso university law review，1979.

之前的滥用市场支配地位行为判断更多的是主观判断，缺少可量化的数据。而芝加哥学派通过价格理论使三个步骤都具有可量化的分析、判断数据。即基于价格的涨跌判断产品进出市场的变化，来判断产品是否存在替代性，以确定相关市场范围；基于销售总量（价格乘以数量）占据整体市场的比例，判断企业占据的市场份额（市场控制力）；基于消费者剩余来判断企业是否存在滥用。

第三，消费者福利并不是社会总福利。美国最高法院并不认同将消费者福利等同于社会总福利，美国最高法院在 Brooke Group Ltd. v. Brown & Williamson Tobacco Corp 和 Weyerhaeuser Co.v. Ross-Simmons Hardwood Lumber Co 案中，明确区分了消费者福利和总体福利，并再次澄清反垄断法中的标准是消费者福利，对消费者福利标准赋予了明确的、以消费者为导向的含义。[①] 后来，经济学上的消费者剩余逐步成为消费者福利的代名词，即消费者福利是消费者愿意为商品支付的金额与他们实际必须支付的金额之间的差额。消费者从购买商品中获得的是"剩余"，当消费者不能获得这种市场剩余或者获得很少的剩余，说明市场竞争不充分，存在或者可能存在市场垄断。

（二）消费者福利目标下反垄断体系的作用

消费者福利目标下的反垄断体系出现以后，改变了以往反垄断的模糊目标，为区分反垄断法应当考虑的问题提供了依据，为反垄断案件提供了可操作性的分析工具。它产生了以下几个方面的影响。

首先，推动了反垄断领域的法治化。相比以往，由于消费者福利目标本身是一个以经济学分析为基础的反垄断分析框架，因此，这为消费者、市场主体和执法机构建立了统一的反垄断语言，提高了反垄断结果的可预测性。消费者福利目标将反垄断的决定与经济利益密切地联系在一起，使法律不是虚无缥缈的决定，而是有实实在在的依据，也使法治得到实实在在的贯彻。消费者福利目标出现后，很快得到法院的认可和拥护，因为消费者福利目标下所蕴含的经济分析框架使法官能够对于反垄断案件较为轻易地得出结论，而不是在缺乏标准情况下漫无目的地寻找结论。

其次，有助于维护多数人的利益。每个人在社会上可能有不同角色，有

---

① 　Brooke Group Ltd. v. Brown & Williamson Tobacco Corp., 509 U.S. 209（1993），Weyerhaeuser Co. v. Ross-Simmons Hardwood Lumber Co., 549 U.S. 312（2007）.

人是企业主，有人是雇工，也有人是消费者。当反垄断法立足于维护雇工的利益时，意味着在某种程度上要"损害"企业主的权益，当反垄断法要立足于维护企业主的利益时，意味着某种程度上要损害雇工的权益，然而，无论是雇工、雇主，在市场中都是消费者，因此，当以维护消费者权益为反垄断目标时，意味着最大程度上维护了市场上所有主体的权益。

最后，有利于避免"寻租"。预测规则越模糊，法律执行者就越具有自由裁量权，社会就越没有办法区分正确和有偏见的司法决定。具言之，反垄断分析的标准如果是模糊的，就容易出现寻租。相比之下，消费者福利标准可能为确定执行者何时可能偏离核准的轨道并考虑其决策中的非经济因素（即不适当因素）提供明确的路线。①

三、消费者福利目标下反垄断体系传播与发展

相对于以往的反垄断目标，消费者福利目标有如此多的益处，因此世界上许多国家的反垄断制度都移植或借鉴了美国芝加哥学派提出的消费者福利目标。比如，澳大利亚的《商业行为法》规定了其立法目的在于促进公平交易、公平竞争、保护消费者权益；《日本禁止私人垄断及确保公正交易法》把立法目的规定为促进经济的健康发展以及保护消费者的权益；《韩国规制垄断与公平交易法》亦规定其立法目标是促进国民经济的健康发展、促进公平自由的竞争环境、促进企业活动的创新以及保护消费者权益。② 消费者福利目标得到了经合组织的认可，"经合组织已确定各司法管辖区之间就执行竞争法防止滥用支配地位的广泛目标和方法达成实质性协议，特别是在研究对竞争的损害方面，而不是在竞争方面。通过这种方式，消费者福利标准确实为反垄断执法提供了一种通用的语言。"③

由于消费者福利目标属于以效果为中心的经济分析方法，它能够弥补

---

① Elyse Dorsey, *Antitrust in Retrograde：The Consumer Welfare Standard*, *Socio-PoliticalGoals*, *and the Future of Enforcement*, https：//gaidigitalreport.com/2020/08/25/the-consumer-welfare-standard/.

② 颜运秋：《反垄断法应以保护消费者权益为终极目的》，载《消费经济》2005年第5期。

③ Elyse Dorsey, *Antitrust in Retrograde：The Consumer Welfare Standard*, *Socio-PoliticalGoals*, *and the Future of Enforcement*, https：//gaidigitalreport.com/2020/08/25/the-consumer-welfare-standard/.

欧洲长期以来使用的对滥用行为注重形式分析方法的不足，且随着国际融合的不断加深，发生在美欧之间跨国公司的滥用行为协调问题也逐渐突出，因此，考虑到美国在国际市场上的话语权，欧盟的反垄断目标也逐步向消费者福利目标靠拢。欧盟委员会在其指导方针中详细阐述了消费者福利标准的作用。在《欧洲联盟运作条约》（TFEU）第 101 条的背景下，它指出，共同体竞争规则的目的是保护市场上的竞争，作为提高消费者福利和确保资源有效分配的手段。同样，在 TFEU 第 102 条的背景下，欧盟委员会还指出，其执法活动旨在防止"对消费者福利造成不利影响，无论是以高于其他情况的价格水平的形式，还是以限制质量或减少消费者选择等其他形式"。①

欧盟委员会在其 1997 年颁布的《关于纵向限制的竞争政策绿皮书》中提出："提升消费者利益是竞争政策的核心，有效的竞争是消费者能够以最低的价格购买高质量产品的最佳保证。"此后，在欧盟委员会颁布的一系列指南和其他规范性文件中，消费者福利都被置于反垄断法目标的核心地位。比如，2009 年的《排他性滥用行为优先执法指南》指出，即使是支配企业，也应当被允许在市场上从事激烈的竞争行为，只要这种竞争行为有利于消费者福利提升。② 在肯定消费者福利作为欧盟反垄断法的重要目标的同时，不可否认的是，欧盟的反垄断法还有其他重要目标，比如促进欧洲市场一体化，并且肯定了这种目标与消费者福利目标的互补性，因为"建立和维护开放的单一市场促进了整个共同体资源的有效分配，以造福消费者"。③

我国反垄断制度创立比较晚，具有大陆法系和欧美法系相结合的特点。在反垄断目标上，形式上采用了多元价值体系，但是，在反垄断行为具体认定特别是滥用市场支配地位行为具体认定的司法实践中，践行了经济效率的一元目标主张。比如，我国《反垄断法》第 1 条规定了多元反垄断目标："为了预防和制止垄断行为，保护市场公平竞争，鼓励创新，提高经济运行效

---

① Ariel Ezrachi, *EU Competition Law Goals and the Digital Economy*, Oxford Legal Studies Research Paper No. 17/2018.

② 吴韬、郑东元：《经济分析如何融入法律过程：欧盟竞争法改革的得失及启示》，载《财经法学》2021 年第 1 期。

③ Ariel Ezrachi, EU *Competition Law Goals and the Digital Economy*, Oxford Legal Studies Research Paper No. 17/2018.

率，维护消费者权益和社会公共利益，促进社会主义市场经济健康发展，制定本法。"同时，关于排除、限制竞争的认定（即滥用行为认定）在总体方法上分为相关市场界定、市场支配地位评估和滥用行为认定三个步骤。在具体认定的过程中，基于价格理论进行分析，如在相关市场界定方法上，主要基于价格涨跌加以判断的替代法和假定垄断者测试（SSNIP）法；在市场支配地位的认定标准上，主要考虑与价格密切相关的市场份额；在滥用行为的认定上，竞争损害判断的标准主要是消费者剩余标准，即考虑消费者在市场上能否以较低的价格买到性价比高的产品。

第二节　消费者福利目标在数字经济时代的不适应性

在工业经济时代，即便消费者福利目标有众多不足，但相对于其他反垄断目标具有不可比拟的优势，如有较为系统的经济分析框架，也因此逐渐成为世界主要法律辖区的主导性反垄断目标。然而，随着数字经济时代的到来，消费者福利目标在大数据特征的冲击下难以适应。

一、消费者福利目标自身问题检讨

（一）消费者福利目标缩小了反垄断法自身的价值定位

美国大法官马歇尔曾经这样评价反垄断法：总而言之，反托拉斯法，特别是《谢尔曼法》，是自由企业宪章。它在保障经济自由和企业自由方面的作用，与保护个人自由的权利法案同等重要。竞争法领域的决定不仅仅产生经济效果，亦产生政治效果，会影响一国境之内的竞争标准、条件和模式，从而对整个国民经济造成影响。[①]换言之，反垄断法在政治定位上属于经济宪法，它包含公法、私法的相关内容，它存在的意义或者目标，就是解决公法和私法不能解决的问题，而不仅仅是经济层面的问题。

反垄断法在市场经济中发挥着合同法、行政法、消费者保护法和不正当竞争法等这类法律所管辖之外的作用，比如"确保有效的竞争过程""促进消费者福利""提高效率""确保经济自由""确保公平竞争环境""促进公平

---

① 孔祥俊：《论互联网平台反垄断的宏观定位——基于政治，政策和法律的分析》，载《比较法研究》2021年第2期。

与平等"等。

从世界最早制定的《谢尔曼法》目标来看，芝加哥学派对反垄断法的最初立法意图存在错误解读，因为该法的立法目标并不仅是消费者福利，而是使经济力量不至过度集中，同时，还包括保持市场的开放、保护制造商与消费者免受垄断的凌虐，以及分散政治与经济层面的控制权。将目光集中于消费者福利，忽视了过度集中的危害——比方说，使企业能够挤压供应商和制造商、危害系统稳定性（譬如，允许企业"大而不能倒"）、损害媒体多样性，等等。[①]

由于芝加哥学派的影响，经济学在反垄断分析中的关键作用导致反垄断的目标逐渐向经济目标靠拢，以至于经济理论成为界定竞争执法的基础，反垄断的唯一目标是促进消费者的经济福利。事实上，仅仅是消费者福利目标不足以应付市场经济，尤其是数字经济时代的多元目标，消费者福利目标把反垄断的目标缩小了，它无法识别和谴责现代经济中普遍存在的问题。

（二）消费者福利目标下的反垄断分析框架无法识别众多反竞争的行为[②]

消费者福利目标之所以风靡世界，成为世界反垄断制度最主要的目标，主要在于经济学分析方法为反垄断行为的认定提供了可操作性、可量化的工具。然而，这种分析框架却对市场上的许多反竞争行为无法识别或者无能为力，最终也与促进消费者福利的目标背道而驰。也就是说，芝加哥学派的反垄断经济学分析方法，从注重从对竞争形态的过程分析，转向了消费者福利这样一个结果，比如价格分析取代了市场结构分析，以往对反垄断的分析是分析市场上是否还有众多竞争者，而消费者福利目标分析框架下更加看重产品价格，使消费者获得利益。这种分析框架直接把消费者福利和市场竞争等同起来，导致这种经济分析框架下众多反竞争行为被忽视。

首先，无法判断市场势力（市场结构）对市场竞争的影响。消费者福利的经济分析框架对竞争过程和结构直接忽略，主要通过价格和产出评价市场竞争好坏。换言之，市场势力并不意味着损害竞争，也可能是企业通过改进技术、加强管理、提升效率的结果。而根据消费者福利的经济学分析框架，占据市场势力的企业，利用市场优势进行了价格变动，如价格上升，产量降低则有可能是反垄断行为，这种方法将竞争危害单纯等同于企业是否选

---

① Khan L M, *Amazon's Antitrust Paradox*, Yale Law Journal, pp.710-805, 2017.

② Khan L M, *Amazon's Antitrust Paradox*, Yale Law Journal, pp.710-805, 2017.

择通过价格工具来行使市场势力，极大地忽视了企业是否已经培育起了市场势力，以及企业是不是以其他方式扭曲了竞争过程。而且，允许企业聚集市场势力，导致在市场势力最终实施之际，对市场势力的准确审查变得更加困难。企业可以用许多不会直接导致短期价格或产出效应的手段行使市场势力，以多种形式扭曲竞争。① 也就是说，将对竞争的损害与高价格或低产出挂钩——同时忽视导致市场势力的市场结构与竞争过程——将干预措施限制在企业已经获得了足以扭曲竞争的主导地位之后。

其次，无法识别市场势力（市场结构）对市场竞争带来的实际损害。通过价格和产出来评估竞争效果的分析框架，只能适用于静态损害，特别是体现在价格上，对于动态损害则无能为力，比如无法识别阻碍潜在竞争、减缓创新、丧失质量竞争和整个行业停滞等损害竞争行为。如根据该经济分析框架，市场竞争后的结果只要导致消费者享受了更低的价格，就认定市场竞争状况良好，而忽视了从长期来看，这种价格行为实际上最终导致了更高的价格和更少的效率，与消费者福利目标南辕北辙，消费者的长期利益包含产品质量、多样性与产品革新——促进这些因素最好的办法就是充满活力的竞争过程与开放的市场。最有名的案例是某打车公司补贴事件。在实践中，该打车公司通过补贴司机，使众多乘客消费者能够以较低价格获取较好的乘车服务。从这个角度看，该打车公司的补贴行为符合促进消费者福利的目标。但是，通过补贴打击对手使得市场上最终只剩下少数互联网租车企业，此时其可将价格提升至较高水平，由于市场已经无竞争对手，消费者也无能为力。从长远来看，这种补贴行为，最终可能损害消费者福利。

此外，法律在规制社会过程中需要规则具体和稳定，以对社会产生可预测的影响。然而，消费者福利标准中的"福利"或"效率"具有高度抽象性，这意味着它没有法律所期待的确定性。作为一种经济抽象概念，这意味着除了最简单的案例外，只有专家才能提出可信的消费者福利论据。因此，基于消费者福利目标的反垄断问题，成为一项少数掌握经济学技能的从业者才能识别和分析的工作。②

---

① Khan L M, *Amazon's Antitrust Paradox*, Yale Law Journal, pp.710-805, 2017.

② Tim Wu, *After Consumer Welfare, Now What? The "Protection of Competition" Standard in Practice*, The Journal of the Competition Policy International, 2018 Columbia Public Law Research Paper No. 14-608.

二、数字经济时代大数据发展对消费者福利目标的进一步挑战

（一）福利目标下的分析框架无法计算数字经济时代产生的非经济损害

不可否认的是，大型互联网公司便利了生活，某种程度上克服了信息不对称的布局，使消费者以较少的价格买到或者享受到满意的商品和服务，这改变了全球经济运行的模式，提升了消费者的福利。然而，必须看到的是，这些企业在某种程度上也存在"大而恶"的情况，它们利用大数据所形成的市场集中优势，通过算法、使用不对称信息和不对称讨价还价能力可能对消费者造成损害。由于消费者福利标准下的反垄断分析框架是以价格为中心的分析方法，因此，消费者福利标准并不能捕捉非价格效应导致的产品质量下降、服务水平降低、产品多样性缺乏等非经济损害——而这些损害本质上是属于消费者福利的重要组成部分。特别是在价格为零的情况下，所谓的反竞争行为所造成的任何损害必然反映在质量、创新或其他非价格因素上，而不是反映在价格上。即使在对消费者的价格不为零的市场中，数字经济中的企业往往更注重创新和质量，而不是价格。[①] 也正因如此，当今数字经济时代下，很多缺乏价格影响的大数据领域的滥用市场支配地位案件并没有被法律认定成立。

（二）拥有大数据的互联网平台对市场的反竞争危害远大于传统企业

拥有大数据的互联网企业借助大数据技术不断发展创新，提升市场掌控力，同时不断地跨界发展，通过在某市场取得的成功，不断延伸并传导至其他领域，构建一个自成体系的生态系统，并形成一个影响消费者生活方方面面的超级市场体。如阿里巴巴集团不仅是一家网络购物企业，在消费者生活的很多领域都有阿里巴巴的影子，而且阿里巴巴集团可以将拥有企业之间的数据相互交流传递，因此，阿里巴巴甚至比消费者更了解消费者自己。互联网企业在市场上对消费者的影响超越了工业经济时代的任何企业，其限制、排除竞争的风险及危害远远超过一般企业，对个体影响而言，大多数消费者并未享受到应有之福利，企业所获利润也并非源自效率，而是来自于强大的市场力量，即消费者承担了更高的定价。[②] 因此，以消费者福利目标来约束

---

① Marina Lao, *Strengthening Antitrust Enforcement Within the Consumer Welfare Rubric*, CPI Antitrust Chronicle, 2019.

② 陈兵：《因应超级平台对反垄断法规制的挑战》，载《法学》2020年第2期。

拥有大数据的互联网企业的市场反竞争行为，是对这些超级互联网企业市场力量的忽视，将导致这些企业在消费者福利目标外的众多反垄断法范畴上的反竞争行为被排除在反垄断约束之外。

（三）消费者福利目标无法衡量数字经济时代的创新标准

在数字经济时代，互联网企业之间的竞争很大程度上是创新的竞争，通过创新，开辟新的市场、新的服务。同时，创新性地使用大数据，也能够极大地提升企业的生产效率，最终改善消费者的福利。尽管创新总体上促进社会发展，是积极正面的，但是也有些创新具有负外部性，因此，需要一定的力量干预，确保创新是在为消费者和社会服务。[①] 比如，由于互联网企业的市场实力，其可以利用大数据形成的"市场声呐"系统发现、跟踪有创新性又可能危及其市场的企业。为了不影响其市场地位，其有可能打击或者吸收这些可能成为重要竞争对手的初创公司。某种意义上，消费者正在得到的创新是少数拥有大数据的公司权衡利弊后推向市场的创新，是有利于公司个体的创新，至于很多有可能推动社会整体进步，造福消费者福利的创新则被它们隐藏起来，或者故意破坏。[②] 而这种行为与消费者福利的目标无直接联系，在反垄断法上因此也无法进行评价，甚至干预。

第三节　数字经济时代反垄断目标的消解与坚持

如前面所分析，消费者福利目标及其具体分析框架存在众多问题，不足以应对大数据带来的挑战，因此，世界各国产生了对当前反垄断目标的反思，希望能够在经济、道德、政治、社会等各种目标中寻找一个平衡。有很多学者都提出了各种各样的观点，但是对消费者福利目标撼动最大的主要有柯安（L.M. Khan），代表性研究成果为《亚马逊的反垄断悖论》（Amazon's Antitrust Paradox），哥伦比亚大学法学院教授吴修铭（Tim wu），代表性研究

[①] J. Crémer, Y. de Montjoye & H. Schweitzer, *Competition Policy for the digital era*：*Final report*, Publications Office of the European Union, Luxembourg, （2019）, https://ec.europa.eu/competition/publications/reports/kd0419345enn.pdf.

[②] Reyna A, *The Shaping of a European Consumer Welfare Standard for the Digital Age*, Journal of European Competition Law & Practice, pp.1-2, 2019.

成果为《巨头的诅咒：新镀金时代的反垄断》（The Curse of Bigness，Antitrust in the New Gilded Age）。在他们看来，互联网巨头的出现和数字经济的蓬勃发展，使得个人的隐私、消费、价值观都被互联网巨头所控制。拥有大数据的互联网企业不仅具备强大的市场力量，还拥有政治力量。同时，也使得资本回报上升、劳动力回报和市场竞争力下降，而这一切都是现行的反垄断体系特别是反垄断目标所导致，因此，他们提出反垄断目标是实现控制垄断力量、防止垄断者的出现、保护经济民主、促进生产活动的公平参与、保护小企业和普通劳动者，[①] 后来，人们把跟他们有相同或类似观点的群体称之为新布兰代斯学派。[②]

新布兰代斯学派提出的观点是对消费者福利目标的反思和消解，也引起了社会广泛的讨论。社会对该观点的批评主要集中在：其一，该学派的主张不过是重复改进了一些旧的学术观点。该学派不注重现行反垄断框架下的低价格和高产出等优势，反而关注如何遏制过度的政治权力或企业规模以及如何避免个人自治权的丧失等价值目标，但是，其并没有足够的证据证明，在一个小企业组成的市场里，其主张的目标会更好；其二，现行消费者福利标准的优势在于，存在一套工具可以评估有利于高产出和低价格的条件，从而可以检验涉嫌的违法行为，然而该学派却没有系统的可以检验的反垄断分析框架，可操作性较差。[③]

尽管新布兰代斯学派的理论不够完美，也没有取代芝加哥学派所建立起来的消费者福利目标，但是，其针对互联网经济时代和数字经济时代出现的新问题，提出了自己的观点，使社会对反垄断目标价值开展了又一次审查。社会也逐渐认识到，在数字经济时代，应该重构，或者至少是改良现有芝加

---

① 吴汉洪、王申：《数字经济的反垄断：近期美国反垄断领域争论的启示》，载《教学与研究》2020 年第 2 期。

② 布兰代斯学派（Brandeis School）因美国联邦最高法院法官布兰代斯（Louis D. Brandeis）而得名。布兰代斯认为，如果某些人可以通过经济权力奴役其他人，那么这种经济权力最终会侵犯公众利益，通过反垄断打击市场集中与经济权力，本质上就是在维护经济民主。后来有相同或类似的观点的执法官员或学者被统称为布兰代斯学派。新布兰代斯学派是对布兰代斯学派学说的继承发展，坚持了以往打击企业市场集中的理念，但是又针对数字经济时代的特点对相关观点作了修正。

③ 参见韩伟 2018 年 9 月 14 日在中国社科院国际法研究所所作的发言：《新布兰代斯学派：数字经济反垄断的可行路径》。

哥学派的消费者福利目标及其分析框架。任何新的理论或者目标的建立并不是空中楼阁，都是在以往经验和认识基础上的改造和发展。因此，在构建新的反垄断目标的同时，必须对历史进行回顾，对现实进行考察。基于前面的分析和讨论，本书认为，构建新的反垄断目标和分析框架必须坚持以下几点经验和认识。

一、反垄断目标本质上是多元的

国家通过反垄断法来干预经济，其最初目的有两个，一是维护社会公平正义，二是促进经济发展效率。如世界上最早制定的反垄断法《谢尔曼法》立法目的就是"促进州际通商以及与外国贸易中的自由竞争，将通过托拉斯等形式进行企业联合以控制生产、供给和价格，损害消费者利益以及中小企业独立生存权的行为宣布为非法。"[①]欧盟竞争法的立法目的是促进共同体市场的统一，并不把追求经济效率作为唯一目的。[②]也就是说，反垄断目标由多元变为经济方面的消费者福利这一元目标，是美国芝加哥学派的一家之说，只不过其影响力较大，有较为系统的分析框架，因此，在特定的经济发展阶段下，逐步占据了世界反垄断制度目标设计的主导地位。然而，在数字经济时代背景下，大数据对消费者福利目标提出了众多挑战。比如作为消费者的用户的信息追踪和隐私保护降级问题，以及个人数据和先进算法的结合可能产生针对消费者的算法歧视问题。故此，将芝加哥学派的消费者福利目标作为反垄断法唯一目标的主张，已经不适应数字经济时代对市场竞争的评判。[③]

二、消费者福利目标在数字经济时代仍有重要价值

社会的变化，使得部分互联网企业侵犯消费者隐私、使用数据缺少透明度、对消费使用的新闻和数字广告产生影响、影响数据安全、假新闻滥用等滥用大数据的行为频发，因此有批评者认为这是反垄断法没有承担起该有的

---

① 戴龙：《滥用市场支配地位的规制研究》，中国人民大学出版社 2012 年版。
② 戴龙：《滥用市场支配地位的规制研究》，中国人民大学出版社 2012 年版。
③ 陈兵：《因应超级平台对反垄断法规制的挑战》，载《法学》2020 年第 2 期。

作用。[①]但是，反垄断法只能解决市场竞争中的竞争损害问题，让反垄断法对互联网企业使用大数据产生的一切负面后果承担责任，是对反垄断法过度的要求，不能把这种后果产生的原因完全归纳于反垄断制度中消费者福利目标的定位错误。消费者福利目标在市场经济下始终有它的重要价值，它对于个体消费者而言，有利于保障消费者获得经济利益，对于整体社会经济发展而言，有助于市场活力和整体经济效率。最明显的例子是，由于欧盟采取了秩序自由主义的反垄断理念，在反垄断目标上更加注重公平，在反垄断分析框架上仅凭行为的表现形式而不进行效果分析就限制企业的商业活动，造成了对中小企业的过度保护，为欧盟经济增长做出重要贡献的大企业因此备受打击。反垄断法缺少对经济利益的追求，成为阻碍欧洲经济发展的重要因素。[②]因此，承认消费者福利目标，并在反垄断分析时承认基于效率的规模和集中是有效的，能为消费者带来实质性利益。消费者福利目标及其经济分析框架仍然有效——这是重构反垄断目标必须坚持的重要原则。只不过，目前的消费者福利目标并不足以应付数字经济时代大数据运用过程中产生的一些问题，可根据数字经济的发展对现有反垄断目标进行调整、修正，使其在数字经济时代重新焕发生命力。

三、反垄断分析框架对反垄断目标的实现至关重要

对于反垄断法而言，反垄断法目标所产生的效果，最终取决于法律背后所规定的实施方式。反垄断法由多元的目标变为消费者福利的一元目标，芝加哥学派运用的经济学分析路径或者方法对该目标在反垄断实践中占据主导地位发挥了至关重要的作用。甚至可以说，是这种经济学分析框架导致了消费者福利目标的外延缩小，因为无论从字面意义还是其他方面进行解释，消费者福利本身是多方面的，不能仅仅用货币来衡量，还涉及更广泛的方面，比如公平、多元、民主和自由。也就是说，消费者福利标准远远超出了保护消费者免受反竞争行为导致的价格上涨的影响，它可以是产品质量、产品可

---

① Marina Lao, *Strengthening Antitrust Enforcement Within the Consumer Welfare Rubric*, CPI Antitrust Chronicle, 2019.

② 吴韬、郑东元：《经济分析如何融入法律过程：欧盟竞争法改革的得失及启示》，载《财经法学》2021年第1期。

选择性和创新，以造福整个社会。[①]然而，由于芝加哥学派的经济分析方法只能计算出经济方面损害，导致消费者福利目标其他方面的价值逐步被忽视，在计算反垄断目标时只剩下经济方面的福利。反垄断目标的实现离不开与其相匹配和相适应的具体分析框架，这种分析框架本质上决定了反垄断目标在司法实践中能否实现，甚至能在实践中对反垄断目标发生反作用力，使其具体外延发生改变。

随着数字经济时代的到来，以经济上的损害来评价反垄断目标已经不足以评估大数据产生的竞争影响。数字经济时代的反垄断目标也必须随着大数据在经济社会发展中的重要作用和影响力而进行调整，其反垄断的分析框架随之调整必不可少。换言之，在价格基础上的基于效果的分析方法必须随着数字经济时代反垄断目标的转换而进行重构。

四、不同国家不同的利益目标决定了反垄断目标的差异

反垄断制度或者说反垄断目标，在任何时候都不可能脱离国情而存在，反垄断目标都是为了一国的国家利益服务，特别是各国国情不同，经济发展形态或者阶段不同，导致了各国的国家利益诉求不同，反垄断目标也有所不同。由于美国大型互联网企业具有旺盛的创新能力，因此，美国始终把反垄断法作为保障这些企业创新发展作为重要目标，反垄断执法分析时，亦始终注重以经济效率来进行评估。但是欧洲缺少有世界影响力和创造力的互联网巨头，因此，它们对于这些互联网企业的发展、创新总体上并不将其作为重要性目标，不仅仅对滥用市场支配地位规定的门槛较低，认定为垄断更为容易，而且容易作出重大处罚。[②]同时，各国的反垄断目标亦会随着社会的发展和国家的需要而不断变化，欧盟最初的反垄断目标是多元的，其中最首要的目标是促进欧洲共同体市场的统一，但是随着欧洲统一市场的逐步形成，反垄断统一市场的目标任务阶段性完成。到了数字经济时代，大数据经营者滥用市场支配地位的行为，更多的是给用户带来使用成本（信息成本和注意力成本）上涨、产品或服务质量（如隐私等）下降、阻碍用户数据的可携带

---

① Reyna A，*The Shaping of a European Consumer Welfare Standard for the Digital Age*，Journal of European Competition Law & Practice，pp.1-2，2019.

② 孔祥俊：《论互联网平台反垄断的宏观定位——基于政治、政策和法律的分析》，载《比较法研究》2021 年第 2 期。

以及因隐私保护水平下降带来的其他损害。[①] 因此，欧盟的反垄断目标又转向偏重于人身权利的消费者福利。比如，欧盟通过颁布 GDPR，凸显了在大数据竞争中把隐私、数据可携带权等人身权作为重要的保护目标。又比如，德国联邦卡特尔局在对美国脸书公司进行调查后，认定其未经消费者自愿同意的情况下合并来自不同来源的用户数据，构成反垄断范畴的剥削性滥用。

第四节　数字经济时代反垄断目标应有内涵及对现有滥用行为认定框架的修正

无论是从历史源流考察，还是对现实背景的分析，本书主要是为了说明，反垄断制度是针对市场中存在的各种竞争损害而产生的，而不仅仅限于经济上的福利，最终目标应当是维护含有多种价值取向的整体消费者福利目标，既包括经济上买到价格便宜、物美价廉的商品，也包括在政治或者社会学意义的隐私权保护、创新利益维护、购买选择权保障等。然而，在现实中，这种多元价值的消费者福利目标，却逐步演变成为一个通过经济学价格和产出效应评估的单一目标。同时，现有的反垄断分析框架也不足以识别特定的反竞争损害。特别是在数据竞争市场中，这点体现得尤为明显。因此，在互联网兴起，大数据市场形成的背景下，要真正实现消费者整体福利目标，必须构建一个比指导当前实践的"消费者福利"内涵更加厚重的概念[②]，并根据消费者目标概念再定义，重构实现反垄断目标新的认定标准和方法（滥用行为认定分析框架）。

一、消费者福利目标的回归与再定义

在重构消费者福利目标之前，有必要再次厘清反垄断目标的部分争议。很多反对芝加哥学派的学者并不认可消费者经济福利是反垄断的目标，而把保护竞争当作反垄断法目标。特别是在数字经济时代互联网巨头行为对消费者福利目标产生的挑战十分明显的时候，提出了反垄断目标的回归——重新

[①] 殷继国：《大数据经营者滥用市场支配地位的法律规制》，载《法商研究》2020年第 4 期。

[②] Khan L M, *Amazon's Antitrust Paradox*, 3 Yale Law Journal 710, 2017.

回到《谢尔曼法》产生之初的立法意图，保护竞争结构，从而保护反垄断法的多元目标。"在目前的反垄断制度下，我们的市场力量问题可能会进一步恶化。最高法院也不可能将反垄断调整到最初的目的。因此，需要一个新的标准来恢复竞争。我们提出有效的竞争标准作为一种替代方案，以恢复反垄断法的原始目的，维护竞争性市场结构……根据有效竞争标准：各机构和法院应将保护竞争性市场结构作为联邦反垄断法的主要目标，这些竞争性市场结构保护个人、购买者、消费者和生产者；保护竞争者的机会；促进个人自治和福利。"[①]"反垄断法与竞争政策的目标应该是竞争市场，而非福利……法律史告诉我们：国内通过反垄断法，是为了促进政治经济各相关方的利益——包括工人的利益、制造商的利益、企业家的利益和公民的利益，而对消费者福利的过度关注背叛了这一点。"[②]

事实上，目标分为独立目标和非独立目标，独立目标也叫终极目标，而非独立目标主要表现是阶段性目标或者手段性目标，很多学者混淆了两者之间的关系，把保护竞争当作终极目标。保护竞争秩序可以是为了促进国家市场经济的健康发展，也可以是提高消费者的福利水平，还可以是产业多样化和国家税收增长。保护竞争和促进消费者福利两个目标的性质位阶并不一样，并不处于同一位置，保护竞争是手段性、阶段性目标，它需要在终极目标中寻找存在价值，促进消费者福利才是终极目标。同时，必须指出的是，消费者福利作为一个集合性概念，本身由众多小概念组成，比如经济福利，买到物美价廉的商品；还比如人身福利，隐私受到保护。

在工业经济时代，互联网企业能够产生的市场效果或者对消费者的影响主要在经济方面，因此，福利目标专注在经济方面有它的合理性。然而，在数字经济时代，消费者经济福利的重要性降低了，在一个快速变化，且大数据在市场竞争中发挥着关键性作用的情况下，价格产生的影响与传统行业截然不同，数字经济中竞争主要围绕与创新型产品、服务相关的新技术、新模式展开，价格竞争的地位大幅下降。消费者从大数据企业得到或者受到影响的利益也截然不同，因此，有必要对消费者福利的目标在回顾历史的基础上

---

① Marshall Steinbaum，Maurice E Stucke，*The Effective Competition Standard：A New Standard for Antitrust*，86 University of Chicago Law Review 595，2019.

② Khan L M，*Amazon's Antitrust Paradox*，3 Yale Law Journal 710，2017.

作出再定义。[①]

如前面分析，尽管很多学者都提出回归立法之初的保持竞争结构作为目标，但从性质上讲，其属于非独立目标。从终极意义上讲，反垄断是为人服务，从市场竞争的角度考虑，反垄断法律应该为消费者服务。因此，反垄断法的目标还是消费者的福祉，即消费者福利目标。只不过，这种目标是多元的，当然包括从价格上得出的经济上的福利，但是数字经济的特点也决定了其应该包括非价格的其他福利。这种非价格福利，从大数据对消费者利益的影响来看，主要有三方面，隐私、创新和质量。

（一）将创新作为消费者福利目标的一个重要组成部分

熊彼特在《经济发展理论》中提出，创新是推动人类社会不断向前进步的核心因素，经济发展的本质是创新，颠覆性的创新会改变现有的平衡，直接推动经济向下一个均衡点变化，从而实现经济发展。[②]同时，创新过程刺激了充满活力的市场，提高了消费者的福利，并可能有助于抵消本来就在减少的边际回报。[③]随着创新在科技生活中的作用越来越大，熊彼特于 1912 年出版的《经济发展理论》也越来越引发人们的重视，学界和业界开始反思，传统哈佛结构主义的结构、行为、绩效是否需要调整。也就是说，受到哈佛结构主义理论影响，以往人们希望规模经济来提升企业业绩和效率，70 年代以后，人们发现，创新比规模经济更可能是企业业绩的来源。因此，从此以后，社会更加关注创新对经济的提振作用，在反垄断法中也不能仅仅考虑消费者剩余。

这种创新价值在数字经济时代表现得更为明显。比如，人工智能在将来社会的发展中将起到十分重要的作用，而人工智能又主要依据高质量的大数据，这也就意味着创新越来越依靠掌握的大数据。然而，占据市场优势地位的互联网企业，由于具有更强的资金、技术、人才方面的能力，它们一方面在数字经济时代利用大数据进行创新，为市场竞争带来活力，另一方面，也

---

① Marshall Steinbaum，Maurice E.Stucke，*The Effective Competition Standard：A New Standard for Antitrust*，86 University of Chicago Law Review 595，2019.

② 袁嘉、梁博文：《有效创新竞争理论与数字经济时代反垄断法修订》，载《竞争政策研究》2020 年第 3 期。

③ Ariel Ezrachi，*EU Competition Law Goals and the Digital Economy*，Oxford Legal Studies Research Paper No. 17/2018.

为了保持自己在市场上的优势，想尽办法对具有颠覆创新能力，对其造成威胁的初创企业"痛下杀手"，削弱相关市场竞争活力。[1] 也就是说，数字时代下，由于网络效应、行业集中和平台崛起的存在，竞争格局被彻底改变，新进者无法挑战巨头的地位，市场中的赢家能够牢牢限制颠覆性创新的出现。市场自我纠正机制的神话就此破灭。[2] 因此，在数字经济发展的时代背景下，通过反垄断法将创新作为一种重要的价值目标加以保护，不仅是数字经济自身发展的需要，也是维护数字经济时代下消费者福利的需要。

（二）将隐私权作为消费者福利目标的一个重要组成部分

隐私权应成为反垄断制度中的一个重要价值目标。隐私保护本质上属于个人权利的问题，或者说是消费者权利的问题。它与竞争法有关，但是就竞争秩序而言，它是一种间接的关系，因此，工业经济时代，对于隐私保护这种消费者利益，各国都根据本国的法律传统决定其位置。大数据与工业经济时代任何产品的性质都有所区别，它本身既是产品又是个人信息，与个人的隐私密切相关，因此，随着大数据在市场竞争中重要性的提升，大数据的运用不仅仅是个人权利保护的问题，还是一个信息在市场竞争中利用的问题，隐私的保护问题也成为评估市场竞争行为合法与否的重要因素。在部分涉及数据的反垄断案件中，已经把维护消费者隐私作为反垄断评估标准。如在"Facebook/WhatsApp 案"中，欧盟竞争委员会认为隐私与安全是判断Facebook 不会有强烈的动机介入并改变 WhatsApp 平台既有的隐私安全相关机制与规则的理由。[3]

（三）将质量损害作为消费者福利目标的一个重要组成部分

互联网企业提供的部分大数据产品或者服务都是免费的，因此，在评估滥用支配地位时，很难得出竞争损害的结论。相反，这些互联网企业往往是在损害消费者质量利益的情况下获取收益，阻碍市场竞争（正常的竞争环境有利于刺激对产品质量的投资）。比如，一家以搜索为主营业务的互联网企业，在双边市场存在的情况下，它在一边市场为消费者提供搜索服务，在另一边市场通过销售广告获取利润，当这家公司从市场的一方（如广告）赚

---

[1] 袁嘉、梁博文：《有效创新竞争理论与数字经济时代反垄断法修订》，载《竞争政策研究》2020 年第 3 期。

[2] Ariel Ezrachi, *Virtual competition*, Harvard University Press, 2017.

[3] 杨东：《论反垄断法的重构：应对数字经济的挑战》，载《中国法学》2020 年第 3 期。

取利润时，其在市场另一方（如提供搜索引擎）投资质量的动机可能会被扭曲。在这种情况下，如果这样做增加了它的盈利能力（或市场力量），它可能会有动机故意将市场自由端的质量降低到消费者喜欢的水平以下，而这种质量下降可能会损害消费者的利益，包括更高的价格（更高的广告成本）、更高的搜索成本（不得不花费更多的时间来寻找相关结果）、不太相关的结果，创新也越来越少。考虑到搜索引擎作为互联网门户的重要性，有意降低搜索质量也会让创意市场变得冷清。[①] 因此，当质量问题不成为反垄断规制的目标时，往往被相关执法部门当作侵权或者不正当竞争问题，而不是反垄断法中的行为滥用问题。这显然是因为反垄断目标的偏差，放纵了本应该被反垄断法规制的滥用市场力量行为。

二、消费者福利目标下滥用市场支配地位认定标准和方法的调整

消费者福利目标的实现还需要具体的认定分析路径作为保障。反垄断目标往往与反垄断分析路径紧密联系在一起，没有具体实施路径的反垄断目标是空中楼阁、纸上谈兵，即便构建了反垄断目标，由于缺少适当的认定路径，也只能回归到传统的经济分析认定方法。因此，要实现反垄断法确定的目标，需要进一步构建合理的反垄断行为认定的标准和方法。从反垄断法的发展过程来看，经济学理论，特别是芝加哥经济流派的观点对反垄断执法实践产生了至为深刻的影响，它将新古典价格理论引入反垄断实践分析，使对市场竞争机制是否合理的判断，变成经济效率是否提高的判断。并通过演变，使经济效率成为反垄断法的最终目标。在经济分析理论以及这种目标指引下，价格中心主义分析方法顺理成章地成为反垄断规制的基本方式。反垄断审查中诸如价格垄断协议、掠夺性定价垄断高价或低价都以价格为判定依据，同时价格作为反垄断的主要分析工具也被广泛应用于市场竞争评估、市场地位认定和相关市场界定中。[②] 进入数字经济时代以后，由于数据市场的竞争更多的不再是价格竞争，而是质量、创新、隐私保护等各方面的竞争，通过价格理论对其进行分析评估几乎不可能。这也意味着需要重构一种新的

---

① Ariel Ezrachi & Maurice E.Stucke, *Online Platforms and the EU Digital Single Market*, University of Tennessee Legal Studies Research Paper No. 283.

② 陈富良、郭建斌：《数字经济反垄断规制变革：理论，实践与反思——经济与法律向度的分析》，载《理论探讨》2020 年第 6 期。

认定标准和方法。

由于认定标准和方法是针对具体问题，因此，在确定反垄断的目标后，有必要结合本书具体研究的问题，即大数据领域的滥用市场支配地位的认定标准和方法进行分析。本书认为，消费者福利目标的内涵已经发生改变，这也意味着实现目标的路径发生改变，在判断是否存在大数据领域的滥用市场支配地位时，其认定模式至少有三个方面需要进行改良或者重构——这也是本书后几章节将要重点分析讨论的问题。

（一）消费者福利的内涵要发生改变

消费者福利应当由经济概念转变为法律概念，这是对前面提到的反垄断多元化目标在认定过程中的具体化、实践化。消费者福利本身不是经济概念，而是法律概念。经济概念注重效率价值，但是法律概念有着更加广泛的维度，不仅是效率，还包括公平、秩序、自由、民主多方面的价值。也就是说，消费者福利的本质是确保内部市场不扭曲竞争来增加消费者的福祉。因此消费者福利目标就数字市场竞争而言，不仅应该包括保护消费者免受滥用行为导致的价格上涨的影响，还包括隐私保护、质量和创新等多种利益。[1]在涉及滥用大数据的案件中，侵犯隐私、数据安全、消费者选择权等行为，只要影响市场竞争，应该被认定为侵犯了消费者福利。换言之，即便数据保护法和竞争法服务于不同的目标，隐私问题、质量问题、创新问题也不能因为其性质而被排除在竞争法的考虑之外。[2]

（二）认定滥用行为的分析方式要发生改变

应将价格中心主义分析方式转变为价格分析方式和非价格分析方式并列的滥用行为认定方式。一直以来，市场竞争主要体现为价格竞争，企业是否具有市场竞争力，就看企业能否掌控市场价格，如果能掌控价格，那么企业就有市场控制力。基于此，古典经济学的价格分析理论被充分利用到反垄断分析过程中，相关市场的界定、市场支配地位的认定、价格垄断行为的认定等环节都以价格分析为基础，价格中心主义分析方式成为反垄断法的基本分

---

[1] Reyna A, *The Shaping of a European Consumer Welfare Standard for the Digital Age*, 1 Journal of European Competition Law & Practice 1, 2019.

[2] Autorité de la concurrence française and Bundesbehörde der bundeskartellbehörde, Competition Law and Data, May 2016, http://www.autoritedelaconcurrence.fr/doc/reportcompetitionlawanddatafinal.pdf.

析方式。然而，大数据市场"零价格"竞争的特点、以及质量竞争、创新竞争等竞争程度不易被价格量化，使得纯粹依赖价格中心主义分析范式建立起来的基于价格上涨的假定垄断者测试、（用销售金额计算的）市场份额标准以及竞争损害的评估和计算必须作出相应的调整，可以建立以价格、质量、成本多种参数为主要工具的分析方式。比如，当通过价格无法评价互联网企业市场力量大小时，可以用其他分析方法代替，有人就提出，将转换成本替代价格作为评价工具。"转换成本是消费者理性分析和判断的决策依据，能够比较准确地反映消费者对竞争力量的依赖程度，即越低的转换成本意味着市场竞争更为充分，消费者对竞争的依赖也越紧密。同时，当前大数据技术的日益成熟更是为转换成本的估算提供了较好的技术支撑，以转换成本为依据评估市场的可竞争性得以实现。"[1] 甚至，完全可以基于大数据的特征构建市场力量评估方式，从大数据垄断（数据多少）、大数据算法（技术）、大数据排他性等多种因素评估市场力量。

（三）评价竞争损害的判断标准要发生改变

应保护市场效果转变为保护市场效果和市场结构并重。由于反垄断目标，对滥用大数据市场支配地位的一系列程序的认定也发生改变。比如，在价格竞争中，价格都是特定市场内的产物，因此，相关市场和市场份额的确定必不可少，然而在大数据市场的非价格竞争中，并不一定要看市场份额，而是关注互联网企业是否以强大的网络效应和高进入壁垒，使消费者或者竞争者形成较为强大的依赖，难以进行转换。同时，这也意味着，以后的滥用大数据并非像现有芝加哥学派影响下的反垄断框架那样，忽视市场势力的集中，专注于滥用行为后的分析，而是需要再次将目光重新转移到市场过程和市场结构之上。[2] 换而言之，在判断竞争损害时，不仅仅可以通过实际的效果进行判断，也可以通过市场结构判断，或者结合上述两种情况综合判断。

---

① 陈富良、郭建斌：《数字经济反垄断规制变革：理论、实践与反思——经济与法律向度的分析》，载《理论探讨》2020年第6期。

② Khan L M, *Amazon's Antitrust Paradox*, 3 Yale Law Journal 710，2017.

第四章 互联网企业相关产品市场界定方法及完善

市场是买卖双方进行产品交易的场所。企业开展经营就是为了获取利润，而要获取利润就必须将产品投入市场与他人进行交易。当众多企业都将其产品投入市场中，就会产生竞争。由于时间、地域、信息流通等限制，这种竞争只能在特定时间内、特定地域市场范围内展开，脱离特定时间、特定市场范围就无法评价双方之间的竞争。因此，这种能够评价竞争的特定市场范围就是相关市场。司法实践中，众多反垄断案件执法的成败亦取决于相关市场的界定，即相关市场范围界定的大小将极大影响对企业市场力量大小的认定——相关市场界定过小，将高估企业的市场力量，相关市场界定过大，将使占据市场支配力量的企业被低估。而高估和低估都将对认定企业是否具有垄断地位形成错误的判断。[1] 相关市场概念最初来源于 1948 年美国最高法院审理的哥伦比亚钢铁公司并购案（United States v.Columbia steel Co.）。法官在该案判决中基于对产生竞争的特定范围，提出了相关市场的概念，即相关市场是指竞争产品能够合理互换，相互之间具有需求替代性以及需求弹性较小来确定在市场上产品竞争的范围。[2]

自此案以后，世界各国在办理垄断案件时，逐步把相关市场的界定作为重要环节。随着反垄断理论和办案实践经验的丰富，各国亦在总结本国实践经验的基础上，陆续从法律层面对相关产品市场的概念进行了定义。

---

① 陈林、张家才：《数字时代中的相关市场理论：从单边市场到双边市场》，载《财经研究》2020 年第 3 期。

② United States v.Columbia steel Co.Supreme Court of the United States 334 U.S.862；68 S Ct1525； 92 L Ed 1781；1948，https：//caselaw.findlaw.com/us-supreme-court/334/495.html.

（见表3）①

表3　世界各国相关产品市场定义

制定年度	制定部门	法规名称	具体定义
1968	美国	兼并指南	如果大多数消费者认为两种产品或服务间在价格、质量和用途上存在一定替代关系，就可认定为一个相关市场
1997	欧盟	关于为欧洲共同体竞争法界定相关市场的委员会通知①	包括消费者因产品的特性、价格和预期用途而认为可互换或可替代的所有产品或服务
1999	澳大利亚竞争与消费者委员会（ACCC）	并购指南	综合考虑各种因素后，建立一个以产品、功能等因素为基准的最小范围，这个最小范围包括与系争产品有密切替代关系的现有产品和潜在产品
2004	加拿大竞争局（CCB）	并购执行指南	建立一个与涉案企业产品的最小范围群，在这个产品群中，假定的垄断者能够成功实施和维持一个超过竞争水平的数额不大但很重要且非临时性涨价
2009	中国①	国务院反垄断委员会关于相关市场界定的指南	根据商品的特性、用途及价格等因素，由需求者认为具有较为紧密替代关系的一组或一类商品所构成的市场

---

①　相关市场包含相关产品市场、相关地域市场、相关时间市场，各国在对相关市场定义时，大都分别对相关产品市场、相关地域市场和相关时间市场作了规定。在工业经济时代，产品的运输成本很关键，因此界定相关地域市场十分重要。到了数字经济时代，大数据产品的使用不会产生运输成本，数据竞争的范围可以是全世界，但各国基于安全考虑，大都要求本国互联网企业将收集的数据留在本国之内，禁止转移或者出口到其他国家。同时，从目前相关文献和案例来看，相关时间市场并不是相关市场界定过程中一个有争议的问题。相关地域市场和相关时间市场的界定并不复杂，更多是各国的政策选择问题，因此本书对相关地域市场、相关时间不作详细讨论，而主要聚焦相关产品市场的分析。本书所阐释的相关市场也特指相关产品市场。

②　《Commission Notice on the definition of relevant market for the purposes of Community competition law》，http://www.euchinacomp.org/attachments/article/18/05_Commission_Notice_on_the_definition_ of_the_relevant_market_EN.pdf.

③　2008 年我国实施的《反垄断法》已经对相关市场的概念作出定义，明确"相关市场是指经营者在一定时期内就特定商品或者服务进行竞争的商品范围和地域范围"。2009 年国务院《反垄断委员会关于相关市场界定的指南》对相关市场的定义进一步进行了明确。

相关产品市场作为一个内涵极为丰富的概念，各国在对其进行定义时，尽管表述方式不尽相同，但都强调不同产品或服务之间的竞争约束，即企业之间存在着制约彼此行为有效性的市场势力，如果一个企业涨价，就会导致该企业此前的消费者大量转向其他生产同种或同类产品的企业，使该企业涨价行为受到影响。[①] 值得指出的是，工业经济时代对相关产品市场的认定形成了较为成熟的模式，即在特定的范围内选择特定的产品作为市场界定的对象，并利用替代分析方法和 SSNIP 方法等基于价格变化的测试方法进行分析，最终确定属于同一个产品的具体范围，这就是相关产品市场。这种相关产品市场的认定模式，提供了一个框架，通过这个框架有助于确定对企业的竞争约束，也有助于评估一个企业是否拥有市场力量这一关键问题。[②] 然而，这种分析框架主要是基于传统工业经济时代产品的特性而产生。在数字经济时代，互联网企业、双边市场、大数据开始成为市场竞争中最重要的市场要素。这些市场要素的改变，对相关产品市场的界定模式产生了三个方面的挑战。

首先，是人数据的确权问题。大数据确权主要是指对大数据的权利性质、内容和归属进行规定。在工业经济时代，法律对市场上交易的各种产品的性质和权利属性都进行了明确规定。法律制度上的确权本质上是规定产品的性质、权利归属、市场流转方式等。法律上不同的确权模式，意味着不同的制度取向和保护模式，也意味着不同的交易成本和制度效率。总体而言，任何国家的法律制度，都是先有相关规则对私权的保护，然后再有不正当竞争法、反垄断法等经济法规则。因为经济法本身基于公法和私法基础上的统筹协调产生，只有民事交易规则等基本规则建立以后，才有反垄断规则问题。[③] 也就是说，市场本质上由一系列性质清楚、产权明晰的产品组成，若

①　李虹：《相关市场理论与实践——反垄断相关市场界定的经济学分析》，商务印书馆 2011 年版。

②　R.Whish, Competition Law 6th ed, Oxford University Press, 2009, pp.26–27.

③　对此，可能有人会认为，反垄断法着眼于维护竞争秩序，不以私权为基础和核心。但是反垄断法所维护的竞争秩序，必须在确认各市场主体对产品拥有权利的基础上，才能谈竞争秩序的维护。市场上各产品所有权归属都不明，保护什么样的秩序呢？秩序的建立保护的是何人利益？哪种利益呢？因此，必须在有规则确定市场上的产品归属于谁的基础上（即确认私权基础上），才能谈竞争秩序的维护。从这种逻辑上讲，私权的确认是反垄断法的基础。

产品本身的权利归属不清，将极大地影响市场的规范运行[1]，更不要说要对大数据产品进行相关市场界定——产品是什么，归属于谁都没弄清，怎么能弄清市场的范围呢？尽管司法实践中也有通过适用竞争法来承认和保护企业数据权益的案例，但这种数据权益的法律认可，仍是在发生纠纷之后的一种个案救济，在建立数据权益的稳定预期方面作用有限。[2] 因此，要对大数据相关产品市场界定，首先是确定大数据的权属，只有在制度上对大数据进行确权，大数据本身的评估、交易、流转、保护才有法可依，大数据所有者、使用者的权利分配、市场责任的界定在反垄断框架内才能有章可循。这也是相关产品市场界定的分析起点。[3]

其次，是大数据的界定市场选择问题。在数字经济中，互联网企业由双边或多边市场组成，即拥有两组或多组客户群。而它的经营模式通常是让一边客户群免费获得产品或服务（或交换信息），另一边客户群付费。[4] 比如，百度为消费者提供搜索服务，同时收集消费者的搜索数据，并将这些数据销售给广告商以获取收入。百度因此存在搜索引擎市场、搜索广告市场，选择不同的界定市场边进行市场力量界定，会形成不同的市场力量判断，最终影响反垄断的判断结果。在工业经济时代，产品以及因此产生的市场是单一及确定的，但是，在数字经济时代，评估互联网企业的市场力量时，却面临着多边市场的选择问题，即选择一边市场，还是选择另一边市场进行界定，抑或是作为整体市场进行界定。[5] 此外，很多数据属于企业自用，没有进入市

<hr />

① 2021 年 4 月发生的特斯拉维权事件中，因数据权属规定不明，车主对行车数据无法掌控，维权成本过高。而特斯拉之所以能掌控数据，是因法律没有明确大数据权利归属，特斯拉对大数据的事实掌控成为了法律掌控。数据生产者反倒对自己的数据毫无权利可言。

② 王融、易泓清：《数据权属大讨论中的共识凝聚》，https：//www.tisi.org/18958。

③ 周林彬、马恩斯：《大数据确权的法律经济学分析》，载《东北师大学报（哲学社会科学版）》2018 年第 2 期。

④ Hedvig Schmidt, *Taming the Shrew：There's No Need for a New Market Power Definition for the Digital Economy*, Faculty of Law, Stockholm University Research Paper No. 17, 2017.

⑤ Jens-Uwe Franck & Martin Peitz, *Market definition and market power in the platform economy*, https：//cerre.eu/publications/market-definition-and-market-power-platform-economy/, 2020.

场形成产品，没有产品就无所谓市场，是否还需要选择市场进行界定？

最后，是大数据的测试分析工具问题。工业经济时代，市场资源优化配置依靠价格，因此，企业对市场价格的控制被视为市场势力的重要表现，反垄断法的各种制度也以价格作为重要分析工具，相关市场范围大小基于产品价格变化进行认定，如实践中应用最广的是"需求替代"分析方法、"供给替代"分析方法和"基于价格的假定垄断者测试"（SSNIP）分析方法。这三种方法都是基于价格的变化导致用户变化，来确定相关产品市场的具体范围。然而，在数字经济时代，以数据和算法等技术驱动型平台为基础提供服务的核心往往并非价格，特别是很多大数据产品都是零价格竞争，甚至大数据根本没有进入市场，因此，依赖工业经济时代下以价格为中心建立的测试方法对相关市场进行界定，面临挑战。

第一节　大数据权属的确定

一、传统法律语境下大数据权属的四种观点

作为一种新生事物，大数据性质及其权利归属目前并没有定论，但由于大数据在社会生活中的广泛运用以及因此带来的广泛影响，在学术探讨和司法实践中都面临对大数据性质和权利归属进行判断的问题。[①] 从目前查阅的相关文献分析和案例讨论来看，关于大数据的权属主要有四种观点。

第一种观点，大数据属于生产要素，权利归属于大数据来源者或者大数据收集者。根据我国中共中央和国务院 2020 年 4 月颁布的《关于构建更加完善的要素市场化配置体制机制的意见》，数据与土地、劳动力、资本、技术等一样，都是可市场化配置的生产要素，构成了促进经济、社会发展的战略资源。也有观点认为，数据作为新型生产要素，可以列为比肩土地、劳动力、资本、技术的"第五要素"。市场主体可以对自身产生或收集的数据和

[①]　由于数据往往通过大数据的形式才能最大限度发挥其在市场中上的使用价值，很多学者在论述数据权属的时候，往往从大数据的角度出发。二者本质上没有区别，都是信息的载体，因此，本书在引用相关观点或者进行阐释的时候，亦会出现二者混用，特此说明。

数据产品进行管理、收益、转让。[①]

　　第二种观点，大数据属于宪法性的身份权利。在对大数据的运用过程中，能产生使用价值的主要是个人数据。这意味着讨论大数据的时候主要是指个人数据。个人数据是对个人出行轨迹、网络言论、网上消费情况等个人生活的记录，与个人身份权利密切相关。因此，有些国家或者机构将个人数据视作人的一项具有宪法性质的基本权利，个人对数据具有控制权或者自决权。欧盟制定的《通用数据保护条例》规定，公民有权决定自己的哪些数据被收集和处理，并对此设定了相关处理框架。该法第17条规定，个人可以要求数据控制者删除个人数据。第20条规定，个人可以带走个人数据，从某一数据网络存贮者转移到另一数据网络存储者。[②]美国亦将个人数据归纳到隐私保护框架内，采取隐私权规制的模式，如通过《澄清境外合法使用数据法案》《加州消费者隐私法案》等法律，将个人数据纳入隐私权中。[③]

　　第三种观点，大数据归属于财产权利中的一种，特别是归属于物权。有学者认为大数据属于知识产权，有学者认为属于债权，但目前呼声最高的还是将大数据归属于物权。因为归属物权制度效率最高，物权的占有、使用、收益、处分四大权能较好对应大数据收集、分析、交易、处分的流程。占有对应大数据挖掘和存储，使用对应大数据分析和应用，收益和处分对应大数据交易和处分，将大数据权属归属于物权，制度改进成本低，克服的制度禀赋难度较小。[④]将大数据定性为物权还有三个方面的好处：一是物权路径不会像债权路径那样直接导致因过度意思自治带来的垄断和不正当竞争以及其他市场失灵情形；二是物权路径权责最为明晰，大数据产权降低了债权所具有的合同相对性而导致的侵权无责，伤害社会整体福利的风险；三是相对于知识产权路径，大数据不需要复杂的登记公示，有利于大数据的广泛传播和

---

　　①　王海燕、吴頔：《上海数据立法：能不能、要不要为数字经济时代的"石油"确权》，载上观新闻网站，https://export.shobserver.com/baijiahao/html/371610.html。

　　②　General Data Protection Regulation，https://gdpr-info.eu/。

　　③　金晶：《欧盟〈一般数据保护条例〉：演进、要点与疑义》，载《欧洲研究》2018年第4期。

　　④　王海燕、吴頔：《上海数据立法：能不能、要不要为数字经济时代的"石油"确权》，载上观新闻网站，https://export.shobserver.com/baijiahao/html/371610.html。

利用，促进经济的发展。[1]

第四种观点，不设置大数据专有权利，但规范大数据使用规则。大数据的价值在于所承载的信息，而这些信息是通过大数据分析得来。目前的法律框架并没有对其权利性质和归属作出规定。从全世界关于使用大数据的实践来看，即便没有对大数据的权属进行规定，也没有影响企业收集、分析、利用大数据的动力。同时，企业往往会使用技术手段保护它们认为值得保护的大数据，这种排他性也并不影响第三方在合同的基础上获取大数据，大数据依然是市场交易的客体，更不要说存在大数据市场失灵问题。因此，设置大数据专有权利或者所有权并没有紧迫性和必要性。相反，对大数据进行确权将干扰经营自由和竞争自由，强化既有的数据力量以及通过数据创出新的市场力量，并催生出反竞争性的市场进入壁垒。[2]换言之，在大数据的价值主要通过流通来实现的情况下，对大数据的关注点不应该集中于对大数据是否进行确权，因为实现大数据自由流通的不是所有权规则，而是对大数据访问的规则，特别是规定法律干预大数据访问的特定场景，确保大数据被规范、合理、有效地使用。[3]

二、传统法律语境下四种大数据权属观点的检讨

大数据作为社会经济发展的新生事物，往往并不被传统的法律制度框架所完全包容，是法律权属制度的相互交叉。因此，即便把大数据朝着传统法律制度框架内的权属制度靠拢，也总会发现冲突和矛盾。

第一，将大数据归类于生产要素的观点，忽略了大数据可分为原始数据和经过算法加工分析而成的数据产品两种形态。收集的原始数据可以被定义为像土地、资本、劳动力那样的生产要素。但是经过加工的大数据投入市场后已经成为产品，再将其定义为生产要素，显然不再适当。事实上，无论是作为生产要素的原始数据还是加工后的大数据产品，其都能对市场竞争产生

---

① 王海燕、吴頔：《上海数据立法：能不能、要不要为数字经济时代的"石油"确权》，载上观新闻网站，https://export.shobserver.com/baijiahao/html/371610.html。

② 德国马普创新与竞争研究所：《数据所有权与数据访问立场声明》，袁波、韩伟译，载《竞争政策研究》2021年第4期。

③ *Arguments Against Data Ownership*: *Ten questions and answers*, https://www.ip.mpg.de/en/research/research-news/arguments-against-data-ownership.html.

重要的影响，要对大数据进行权属确认时，这种权属性质肯定需要统摄其在市场交易或者市场竞争中的不同形态。

第二，将大数据归属于为人身权利的观点将阻碍数据在社会经济生活中发挥重大效用。人身权的设置就在于通过法律保护人的尊严与人格，即便通过有限度地让予部分人身权利以获取财产利益，也有一定的限度，以不能损害人身权利为根本。这也意味着，在对大数据的使用过程中，必须以人身利益为出发点。大数据最大的价值在于数据聚合在一起，如果过度注重个人人身权的保护，数据的碎片化程度加大，聚合的难度增加，大数据的规模效应和范围效应就会难以实现，大数据在经济中的适用将受到严重阻碍。

第三，将数据纳入现有财产权利体系的观点与现有财产权属制度不合。其一，世界大多数国家物权法中的物权是指有体物，分为动产和不动产。[①]数据所具有的无形性、多栖性并不符合物权的有体性这一特征。另外，若将数据归纳为物权，最主要的问题还是将忽视数据所带有的人身属性这一特征，不利于对消费者人身权利保护。在市场竞争中，企业很大程度上利用了数据的人身属性（了解消费者的爱好，隐私）竞争，或者说是损害了消费者的人身权利，而这些权利是物权无法体现和包容的。其二，数据具有较强的技术属性和人身属性，且缺乏保护，因此，数据不同于债权；特别是由于债权属于意思自治，在大数据权属存在制度空白下，通过市场机制进行数据交易的风险过高，且容易在关联企业内部流转数据，形成市场替代和数据壁垒。其三，数据的产生是机器收集、挖掘的结果，而不是人类智力成果，因此，数据不同于知识产权。[②]若将其认定为知识产权，还面临制度需求小、负外部性大的问题。知识产权在某种程度上是以限制应用来鼓励创新。这与数据共享和零交易成本的"互联网+"方向相左。[③]

第四，不设置数据权利而设置数据使用规则的观点，不符合数据保护和发展的要求。不设置数据权利，设置数据使用规则的观点仅关注了数据流通

---

① 王利明、杨立新、王轶等：《民法学》，法律出版社2014年版。

② 事实上，2016年6月公布的《民法总则（草案）》曾把数据规定为知识产权范畴，但是在最终公布的《民法总则》正式文本中没有明确大数据的权属，只是规定："法律对数据、网络虚拟财产的保护有规定的，依照其规定。"

③ 王海燕、吴顿：《上海数据立法：能不能、要不要为数字经济时代的"石油"确权》，载上观新闻网站，https://export.shobserver.com/baijiahao/html/371610.html。

带来的价值，但大数据权利属性不确定，个人隐私的保护亦悬而未决。① 如果对大数据的权属性质不作出规定，而将其留给私人主体、市场竞争安排，愈演愈烈的未经授权抓取数据现象将导致公地悲剧在数据领域上演，"搭便车"横行，损害创新动力。因此在法律上对数据进行确权，有助于减少纠纷，有助于数据资源的有效配置。②

三、数字经济时代大数据权属的制度建构

对大数据进行制度确权，本质上是在充分认识大数据特征的基础上，综合考虑本国的国情和未来发展需要，进行分析、权衡，并进行制度选择的过程。也就是说，大数据确权制度的设计，不是任意创造，而是受制于一定的因素。概而言之，这些因素主要有三个方面。

第一，要基于大数据的基本特征进行确权。大数据无处不在、且低成本、可复制，稀缺性和排他性都较弱，同时，它是无形的，并且不是人类智力的成果，而是计算机算法运用的结果。大数据通过人为收集、处理而得来，属于人为加工后的财产，因此，权利性质应属于拟制权利而不是自然权利。大数据本身也分为原始数据和经过算法处理后的数据产品两种形态。

第二，对大数据的确权要在多元价值取向中找到平衡。法律本身基于一定阶段的社会经济文化基础，但又要根据社会的变化加以修正，也需要在社会发展中保护多元价值，既要保护人的基本价值，又要促进创新和社会经济发展，还要保障好法律与技术之间的协调。僵硬地把数据主体和数据控制者分开，采取一元性的立法保护模式，不是最优选择。一方面，在对大数据确权时，要注重保护好数字经济中处于弱势的自然人的基本价值，确保其隐私、自由等个人基本权益不受到侵犯，对大数据的确权不能损害人的基本权益③；另一方面，也要保障大数据在促进经济社会发展中发挥最大效益，通过

---

① 牛喜堃：《数据垄断的反垄断法规制》，载《经济法论丛》2018 年第 2 期。

② 牛喜堃：《数据垄断的反垄断法规制》，载《经济法论丛》2018 年第 2 期。

③ 事实上，目前，大数据对私人权利的损害已经引起了政府的高度重视。2021 年 8 月 20 日，全国人大常委会通过《中华人民共和国个人信息保护法》，明确了个人信息是以电子或其他方式记录的易识别的或者可识别的与自然人有关的各种信息。处理个人信息，必须在充分告知的前提下取得个人同意。同时规范了网络应用程序过度收集个人信息、大数据杀熟以及非法买卖、泄露个人信息等问题。

大数据的广泛利用来提升社会整体福利；同时，也要注意大数据主权的相关问题。

第三，对大数据的确权要符合各国实际需要，不能脱离国情对大数据的权属进行规定。基于这些原因，现有的权利体系无法包容大数据特性和未来发展的需要。因此，创设一种能同时兼顾物质性和人身性，又能兼容原料形态和产品形态的新型权利成为必然，即大数据权。从我国2021年颁布实施的《民法典》来看，其并没有将大数据直接规定属于现有的物权、债权、人身权、知识产权或其他权利的一种。《民法典》第127条规定"法律对数据、网络虚拟财产的保护有规定的，依照其规定"，仅是委任性规则。从2021年开始国家和地方相继制定的涉及大数据的一系列法律法规或规章，如《中华人民共和国数据安全法》《中华人民共和国个人信息保护法》《深圳经济特区数据条例》等也没有对大数据的权属性质作出规定，这为我国构建大数据权属制度留下了空间。[①]

关于这种大数据权属的本质，要解决的不仅仅是单一所有权的归属，而是确定哪些利益需要保护，哪些权利需要限制，从而形成不同利益主体之间相互包容，又相互制约的权利体系。[②]具体而言，产品形态的二重性导致这种权利有两种形式，即原始数据的权利和数据从业者的权力，同时，国家层面的集合性数据又涉及国家的主权和安全。因此，从不同主体的角度，大数据权属有三种形式。

第一，原始数据的权利，主要由自然人使用互联网产品产生，产生数据的自然人对数据享有人格权和财产权。这种原始数据对于自然人而言，其人格权意味着产生数据的自然人对大数据有知情权、可控权，并且原始数据使用过程中实施透明化告知原则，对于个人数据实施隐私匿名保护原则。[③]同时，自然人还可以行使访问权、转移权和删除权。[④]另外，自然人通过让渡

---

①　这些法律法规在具体条款中已经对相关大数据权属的部分内容已有涉及，但是没有形成创建大数据权的整套规则体系。

②　王融、易泓清：《数据权属大讨论中的共识凝聚》，https：//www.tisi.org/18958。

③　谢猊：《互联网企业的大数据垄断法律问题研究》，首都经济贸易大学2018年硕士学位论文。

④　*Arguments Against Data Ownership*：*Ten questions and answers*，https：//www.ip.mpg.de/en/research/research-news/arguments-against-data-ownership.html.

个人数据，还可以获得财产利益的权利。

第二，经营性数据的权利，主要由互联网企业通过收集、存储、分析、处理得来，互联网企业对经营性数据享有数据经营权和数据资产权。数据经营权是关于数据的经营地位或经营资格，数据经营者可根据数据经营权以经营为目的对他人数据进行收集、分析、加工，这种经营权具有专项性和排他性；而数据资产权是指对其数据集合或加工产品的归属财产权，根据数据资产权，数据经营者可以对自己合法数据活动形成的数据集合或其他产品占有、使用、收益和处分，是对数据资产化经营利益的一种绝对化赋权。[①] 数据企业可以通过法定方式或者约定方式取得数据用益权，而该权利包括数据控制权、数据开发权、数据许可权、数据转让权等多种权能。[②] 当然，值得强调的是，这种数据经营权和数据资产权的使用不得妨碍产生数据的自然人的人格权和财产权。在使用过程中，必须尊重自然人对大数据所具有的知情权、可控权、访问权、转移权、删除权以及一定程度的财产权。

第三，国家主权性数据的权利，是由国家为了维护国家整体利益和安全，所享有的对大数据进行使用、审查、保护的权利。这种数据主权可以体现在两个方面。一是有权基于国家利益需求无偿使用。尽管有些数据经过企业收集、处理、分析得来，花费巨大成本，但是在特定时候，基于国家主权和安全的需要，可以要求企业无偿提供。比如，疫情期间有关出行行业的互联网企业掌握了特定地区的民众出行数据，出于疫情防控的需要，国家有权要求企业提供这些数据。二是对数据进行国家性保护。对于涉及国家安全的个人健康数据、生物数据、遗传数据等，国家有审查、保护的权利和义务。国家可以要求掌握数据的企业对数据本地化存储，也有权禁止有些重要数据的使用或者出境，一些国家已经立法明确要求禁止本国有关数据境外输出。[③]

---

① 唐要家：《数据产权的经济分析》，载《社会科学辑刊》2021年第1期。

② *Arguments Against Data Ownership*：*Ten questions and answers*，https://www.ip.mpg.de/en/research/research-news/arguments-against-data-ownership.html，2020.

③ 智本社：《数据，即权力》，https://www.huxiu.com/article/439461.html。

第二节　大数据的界定市场选择

在工业经济时代，市场是单边的，不存在于众多市场中选择一个市场进行市场力量评估的问题。在互联网经济时代和数字经济时代，拥有大数据的互联网企业的市场存在多边或者双边。甚至，互联网企业拥有的大数据不进入市场，但是依然对市场竞争产生关键影响。在工业经济背景下设计的相关市场界定框架，适用互联网经济时代和数字经济时代的新情况，必然存在问题。事实上，界定市场选择的问题，在互联网经济时代，已经为社会各界所关注，也产生了一系列探索。

一、互联网经济时代对界定市场选择的探索

（一）选择一边市场进行界定

我国最早引发互联网企业界定市场选择讨论的案例是唐山人人公司诉百度公司滥用市场支配地位案。[①] 在该案中，百度公司存在搜索引擎服务市场和信息搜索服务市场（广告市场）两个市场。当需要选择一边市场进行界定以确定百度的市场力量时，北京市高级人民法院只选择了搜索引擎服务市场进行界定，在该判决书中，法院支持了唐山人人公司所主张的界定市场为搜索引擎市场的观点。[②] 该案判决后，北京市高级人民法院对其进行总结，并形成了对该类案件的办案指南。2016 年制定的《北京市高级人民法院关于涉及网络知识产权案件的审理指南》第 39 条明确规定"搜索引擎提供者提供的竞价排名服务，属信息检索服务"。也就是说，其并没有区分双边市场，而是将互联网经济时代的新情况向传统的反垄断分析框架靠拢，将存在的另外

[①]　参见北京市高级人民法院民事判决书（2010）高民终字第 489 号。

[②]　法院在该判决中认为，唐山人人公司主张本案的相关服务市场为"搜索引擎服务"市场。"搜索引擎服务"主要是通过搜索引擎自己的网页抓取程序连续地抓取网页，提取关键词，建立索引文件，当用户输入关键词进行检索时，搜索引擎可以从索引数据库中找到匹配该关键词的网页，将网页标题和 URL 地址提供给用户，用户通过点击可以直接进入相关网页，在满足用户搜索需求的同时也为网站提供了提高关注度的平台。搜索引擎服务本质上属于互联网信息检索、定位服务，鉴于目前尚不存在形成需求替代关系的相关服务，因此"搜索引擎服务"构成本案的相关服务市场，唐山人人公司的前述主张成立。

一边市场当作某一边市场的一部分，认为两边市场的产品属于同一产品，也就是同一市场。

对互联网企业界定市场选择最有名的案件是奇虎公司诉腾讯公司案。在该案中，腾讯公司通过提供免费的即时通讯服务来吸引用户的注意力，其主要收入来源是将注意力出售给广告商以及增值服务收费。而奇虎360软件主要通过提供免费的网络安全服务来吸引用户注意力，其主要收入来源同样是将注意力出售给广告商。[①] 该案涉及三个市场，即时通信市场、安全软件市场和广告服务市场，但是二审法院在该案进行相关市场分析时，沿用了传统相关市场界定的思维，只选择了一个即时通信服务市场进行界定。

判决出来后，关于界定市场的选择引起了社会的热烈讨论。侯利阳、李剑两位学者就对此案的相关市场界定存在不解，"法院仍然没有解释以下问题：在'免费'模式下，为什么直接从互联网用户一边去界定相关产品市场，而不从广告和增值服务一方去界定"。[②] 为此，两位教授提出了自己的观点，认为应该以争议发生的市场作为相关市场进行界定。[③]

（二）根据市场交易类型进行界定

遵循传统模式通过单边市场进行界定，虽然简单直观，却忽视了互联网企业最大的一个特性，即双边市场下的交叉网络效应，互联网企业的不同市场之间是相互影响的，只选择一边市场，就是对另外一边市场力量的忽视，如果在界定市场时，不能考虑所有市场，就有可能导致错误决策。荷兰蒂尔堡大学教授拉普·菲利斯特鲁基（Lapo Filistrucchi）等学者认为，在选择

① 马栋：《注意力平台相关市场界定方法的反思与重构》，载《南海法学》2019年第4期。

② 侯利阳、李剑：《免费模式下的互联网产业相关产品市场界定》，载《现代法学》2014年第6期。

③ 侯利阳、李剑二位学者认为，单边市场分析法足以解决免费模式下的互联网产业相关产品市场界定的问题，互联网联网领域的双边市场实为单边市场。双边市场的免费边和收费边与单边市场的上游市场和下游市场相同，只不过单边市场的两边是纵向的"上-下"关系，双边市场的两边是横向的"免费-收费"关系。因为免费本身就是一种最具渗透力的广告，因而可以将双边市场的免费边视为收费边的上游市场，收费边为下游市场。争议发生在哪一边，就选择哪一边进行界定。如果争议在上游市场，则从这一边将相关产品市场界定为用户注意力或者其他；如果争议在下游市场，则从这一边将相关产品市场界定为广告市场或者其他。

界定市场时，必须考虑交叉网络效应的影响。交叉网络效应对于交易性双边市场和非交易性双边市场影响不同。在非交易性双边市场中，应该定义两个（彼此关联的）市场，在交易性双边市场中只需界定一个市场。[①]

首先，对于交易性双边市场，选择包含双边市场所构成的单一整体市场进行界定。交易性双边市场，亦称为匹配型市场，是通过互联网企业促使买卖双方直接接触和谈判，达成交易。交易双边用户的目的一致，都是为了找到交易相对方达成交易。像淘宝、拼多多等电商平台属于非常典型的交易性双边互联网企业。由于交易性双边互联网企业用户的需求一致，两边市场之间具有很强的双向间接网络效应，因此可以整体界定平台的中介服务作为相关市场，无须从平台各边分别界定相关市场，此时交易型双边市场可以被视为一个市场整体。[②] 这种做法已得到世界绝大多数司法辖区众多案例的认可。如Travelport和Worldspan兼并案中，欧盟委员会只界定了一个相关产品市场，即通过全球分销服务提供电子旅游分销服务的市场；Google收购DoubleClick一案中，欧盟委员会只是单独界定了一个中介服务市场。[③]

其次，对于非交易性双边市场，分别选择两个相互关联的市场界定。非交易性双边市场各边用户需求不同，也没有交易，并且间接网络效应往往是单向的，谷歌、百度是非常典型的非交易性双边市场。对于非交易性双边市场，由于一边的产品横向差异与这一边的价格水平和另一边的产品横向差异有关，因此，只有在界定相关市场时同时考虑市场的双边，才能够对一个平台所面临的竞争限制进行评估。[④] 在双边非交易型市场上，例如在欧洲GMD/Scopresse一案中，欧盟委员会界定了读者市场以及广告市场。在Holtzbrinck案和Springer/ProSieben/Sat1案中，德国联邦卡特尔局也同样界定了读者市场和广告市场；在BSkyB/Kirch Pay TV案中，欧盟委员会界定了付费数字电视

---

① Filistrucchi L，Geradin D & Damme E V，et al，*Market Definition in Two-Sided Markets：Theory and Practice*，Working Papers – Economics，pp.293–339，2013.

② 周万里：《数字市场反垄断法——经济学和比较法的视角》，载《中德法学论坛》2018年第1期。

③ 马栋：《注意力平台相关市场界定方法的反思与重构》，载《南海法学》2019年第4期。

④ 时建中、张艳华主编：《互联网产业的反垄断与经济学》，法律出版社2018年版，第275页。

和交互数字电视两个市场。[①]

值得注意的是，并非所有的非交易性双边市场都需要界定市场的双边。"只有在一个双边非交易市场并且这个市场只有一个外部性的情况下，才可以在不对另外一边产生外部性的市场一边进行市场界定的时候完全不考虑另一边"。[②]

（三）在特定情形下淡化相关市场概念

界定相关市场不是目的，而仅仅是证明互联网企业占据市场支配地位的一个手段。因此，当不界定相关市场时能够认定市场支配地位，或者直接通过反竞争效果能确定滥用市场支配地位行为时，就没有必要界定相关市场。2014 年，我国最高人民法院在奇虎公司诉腾讯公司案中就明确表示，"界定相关市场是评估经营者的市场力量及被诉垄断行为对竞争的影响的工具，其本身并非目的。即使不明确界定相关市场，也可以通过排除或者妨碍竞争的直接证据对被诉经营者的市场地位及被诉垄断行为可能的市场影响进行评估。因此，并非在每一个认定市场支配地位的案件中均必须明确而清楚地界定相关市场。"[③] "美国联邦贸易委员会 2010 年 8 月 19 日正式发布的 2010 年《横向合并指南》对市场界定进行了现实的改革，指南不要求对每一起横向合并案件都进行相关市场界定，适度降低了相关市场界定在反垄断案件中的重要度。"[④] 事实上，我国立法也开始淡化相关市场的选择，2019 年 1 月施行的《电子商务法》第 22 条规定："电子商务经营者因其技术优势、用户数量、对相关行业的控制能力以及其他经营者对该电子商务经营者在交易上的依赖程度等因素而具有市场支配地位的，不得滥用市场支配地位，排除、限制竞争。"删除了《反垄断法》第 18 条相关市场的相关表述，某种程度上表明立法者也认可界定相关市场不再是认定经营者市场支配地位的必要途径。[⑤]

从现有文献总结看，至少有三种情形可以淡化相关市场概念。第一种

---

① 马栋：《注意力平台相关市场界定方法的反思与重构》，载《南海法学》2019年第 4 期。

② 时建中、张艳华主编：《互联网产业的反垄断与经济学》，法律出版社 2018 年版，第 276 页。

③ 参见最高人民法院（2013）民三终字第 4 号民事判决书。

④ 仲春：《互联网行业反垄断执法中相关市场界定》，载《法律科学》2012 年第 4 期。

⑤ 曾迪：《大数据背景下互联网平台反垄断法适用难题及对策研究》，载《重庆邮电大学学报（社会科学版）》2019 年第 3 期。

情形是，相关市场确实难以确认。由于传统相关市场测试方法主要针对价格变动对消费者影响，而互联网企业本身的网络效应、锁定效应将使传统的相关市场界定工具失效，因此，实在不能确认相关市场时，就没必要把相关市场作为认定互联网企业滥用市场支配地位行为的必经程序。"在符合严格条件下，如果其他事实证据充实，如某种只有依赖市场支配地位才能成立的行为（如歧视行为）持续了相当长的时间且损害效果明显，精确界定相关市场非常困难时，可以务实性地选择淡化'相关市场'概念。"[①]

第二种情形是，可以直接识别市场力量。在不进行相关市场界定，可以运用经济学或者其他工具评估互联网企业的市场力量或者直接能判断出互联网企业市场力量的情形下，淡化界定相关市场的作用。

第三种情形是，可以直接认定滥用市场支配地位行为。分割市场、限制产量、固定价格等联合限制竞争等行为，由于其强烈的反竞争性，一些国家的法律对此类行为予以明确禁止，在这种情形下，只要反垄断执法机关认定其成立即可判定为非法，无须再考虑其动机、手段及对市场竞争影响的大小，从而使相关市场界定失去了意义。[②]

二、大数据特性对界定市场选择的影响和冲撞

大数据作为互联网企业产品的一种，滥用大数据行为属于认定互联网企业滥用市场支配地位行为中的一种特殊情形，因此，认定互联网企业滥用市场支配地位面临的相关市场界定问题，在数字经济时代同样会遇到。同时，数字经济时代大数据的多种特性，叠加互联网企业的网络交叉效应，更加大了界定市场选择问题的难度。

第一，大数据产生的力量在不同市场间传导，成为市场竞争的主要力量，影响对界定市场选择的判断。大数据作为一种丰富的信息资源，能够被用来提高产品质量，预测市场未来产品需求等。大数据成为了互联网企业生存和发展的重要组成部分，可以说，大数据逐渐成为这些企业发展壮大的主要市场驱动力，互联网企业之间的市场竞争，越来越成为互联网企业所拥有的数据以及对数据进行处理的技术之争。拥有、使用大数据成为各类市场主体的市场力量源泉，也正因为如此，互联网企业在市场竞争中，越来越通过

---

① 黄勇、蒋潇君：《互联网产业中"相关市场"之界定》，载《法学》2014年第6期。
② 张坤：《互联网行业反垄断研究》，湖南大学2016年博士学位论文。

大数据来获取并保持优于竞争对手的数据优势。比如，很多企业利用大数据的传导作用，将一边市场的强大力量，传送到另外一边市场中，影响其市场竞争。在数据垄断中，互联网企业可以将一个市场里拥有的市场控制力，以数据为桥梁，传递到另外一个市场里，使其在另外一个市场也拥有市场支配地位。① 最有名的案例是"谷歌比较购物服务案"，谷歌的比较购物服务产品 Froogle 初步进入市场时，市场份额较小，但是由于网络购物很大程度上依赖于流量，因此，占据搜索引擎市场支配地位的谷歌，通过流量引流，将搜索引擎的数据流量导入 Froogle，使其流量在英国提升了 45 倍，在德国提升了 35 倍，在法国提升了 19 倍，在希腊提升 17 倍，谷歌通过数据算法给予 Froogle 明显的竞争优势。② 由于数据强大的市场影响力，因此，在选择界定的市场时，必须充分考虑大数据给市场竞争带来的竞争性约束，从而慎重选择界定的市场。否则，忽视大数据在市场竞争中的决定性作用将导致对于互联网企业的市场力量认定存在重大误判。

第二，如果数据原料并未进入市场，可否用市场界定规则去界定没有进入市场的数据原料？世界各国的互联网巨头大都是将其产品或者服务免费提供给用户使用，例如搜索引擎提供可自由访问的网站列表，游戏平台提供可自由访问的游戏，新闻网站提供可自由访问的编辑内容。③ 作为用户免费使用的对价，这些互联网企业将收集用户的个人资料、家庭地址、行为爱好等个人数据，作为数据原料。互联网企业收集到这些数据以后，可以将其作为产品或者服务的输入性改进因素，进一步提升产品或者服务的质量，以更好地满足用户的需要。在工业经济时代，产品要进入市场才能产生市场力量，影响市场竞争。然而，在数字经济时代，数据未进入市场，同样也能够对市场产生影响，成为市场力量的重要组成部分。因此，这也就产生了工业经济时代不曾出现的问题，即如果大数据作为原料，没有进入市场，数据原料是

---

① 刘志成、李清彬：《把握当前数据垄断特征，优化数据垄断监管》，载《中国发展观察》2019 年第 8 期。

② 赵晨芳：《数字经济时代互联网企业反垄断的挑战与应对——由"谷歌利用算法滥用支配地位"案切入》，载《长春市委党校学报》2019 年第 2 期。

③ J. Crémer, Y. de Montjoye & H. Schweitzer, *Competition Policy for the digital era*: Final report. Publications Office of the European Union, Luxembourg, 2019, https://ec.europa.eu/competition/publications/reports/kd0419345enn.pdf.

否能界定为一个市场，还是只是一种市场辅助力量？

三、数字经济时代界定市场选择的具体思路

在数字经济时代，融合了交叉网络效应和大数据特性的互联网企业，其界定市场的选择也更加复杂，需要对各种情形进行分类，并科学选择需要界定的市场。

（一）无须选择界定市场的情形

相关产品市场界定的核心思想是强调竞争约束，明确经营者之间存在的制约彼此行为有效性的市场场域。[1] 界定相关市场只是认定经营者是否存在反竞争行为的过程，仅是确定该经营者是否有能力损害竞争秩序和消费者利益的一个方面，是用来评估被指控的反竞争行为及可能产生的市场效果的一个主要组成部分，并不是能直接用来认定反竞争行为的结果。换言之，如果已经存在明确的事实和证据证明经营者的行为已构成了反竞争结果的事实，那么可跳过界定相关市场的这一环节。[2] 在无须界定相关市场的情况下，对界定市场的选择自然也缺少意义。大数据是互联网企业的一个特殊产品，互联网经济时代不需要界定相关市场的三种情形同样适用于在认定互联网企业滥用大数据市场支配地位行为。即如果相关市场确实难以确认，可以直接识别市场力量，或可以直接认定滥用市场支配地位行为，这三种情形可以不进行相关市场界定。事实上，有关司法实践已经这样探索。在"谷歌比较购物服务案"中，欧盟委员会认为，当一个本应增长、竞争激烈的市场出现了趋于稳定的状态，恰恰说明相关市场内特定企业具有极强的支配力。而谷歌自2008年开始在欧盟绝大多数成员国内均占有高达90%左右的市场份额，且没有其他有效的竞争对手。这种大范围、长时间的高市场份额可以推定谷歌在通用搜索服务市场上具有支配地位。[3]

---

① J. Crémer, Y. de Montjoye & H. Schweitzer, *Competition Policy for the digital era*: Final report. Publications Office of the European Union, Luxembourg, 2019, https://ec.europa.eu/competition/publications/reports/kd0419345enn.pdf.

② 陈兵：《因应超级平台对反垄断法规制的挑战》，载《法学》2020年第2期。

③ 顾正平：《2017年国际反垄断十大经典案例评析》，载《竞争政策研究》2018年第2期。

（二）只界定大数据产品一边市场

大数据可以分为数据原料和数据产品，二者都能对市场产生竞争影响。但是由于数据所有权不明晰、存在侵犯用户隐私的可能以及数据欠缺统一标准难以评估定价和估值，目前绝大多数的互联网企业将收集到的数据属于自用，几乎没有对外交易。[①] 这也就导致了当前关于滥用大数据的案件大都停留在数据原料阶段，而缺少数据产品为纠纷的滥用大数据案例。[②] 但这并不意味着大数据产品交易以及因此引发的大数据产品滥用问题不会出现，相反，各国都通过制定大数据战略、创建大数据孵化器、建立数据交易机构等形式，推动大数据产业的发展。因此，随着大数据权属制度的完备，各项交易规则的完善，大数据产品在市场上交易将逐渐普及。也就是说，大数据产品在市场竞争中的地位会更加明显，滥用纠纷或者诉讼也会越来越多，因此，数据产品的滥用也会成为一个重要问题。

同样值得指出的是，当互联网企业出售大数据产品时，交易双边用户需求完全不一样，所有的大数据产品交易都是非交易性双边市场。比如百度公司，它的一边市场是免费提供搜索引擎给用户使用，同时，从用户免费使用过程中，收集用户搜索数据，并加工分析形成大数据产品。故此，百度的另外一边市场是，将收集加工的大数据产品出售给广告商或者其他需要大数据产品的企业。收集分析数据产品市场和出售大数据产品市场存在间接网络效应。在这个非交易性的双边市场中，仅有一个外部性，即大数据收集、分析市场（如大数据产品数量、质量）会对大数据产品交易市场产生影响，但是大数据产品交易市场不会对大数据分析、收集市场产生影响。在这种情形下，无论大数据产品市场如何选择，都不会影响到大数据收集、分析市场。因此，大数据产品一边的互联网企业看似属于双边市场，但是与单边市场中

---

① 孟雁北等：《大数据竞争：产业、法律与经济学视角》，法律出版社 2020 年版，第 369 页。

② 如前面提到的大众点评诉爱帮网案、大众点评诉百度案、新浪微博诉脉脉案、HiQ 诉 LinkedIn 案、华为与腾讯数据纠纷、丰巢与菜鸟数据纠纷等都发生在数据原料阶段。

的企业并无不同。[①] 也就是说,对于大数据产品,只需选择大数据产品边市场进行界定即可。

(三)根据数据原料的类型选择界定的市场

现行垄断法律框架,只是对存在供求关系的"真实"市场进行相关市场界定。当大数据作为原料时,没有进入市场,不存在需求和供给,无法评估数据的可替代性,也就无法确定相关市场。因此,社会大都不承认数据原料可以作为一个相关产品市场,只是将大数据当作市场的辅助力量,在评估市场力量时作为一个考虑因素。在谷歌比价案中,数据和算法并不是相关产品,比价购物才是产品,因此,包含算法的数据只是作为产出比较购物服务的一个重要因素,而并非作为产生在市场上进行销售,因而,比价购物产品与其他竞争者进行竞争时,数据在产品的销售中不存在竞争关系,也不存在替代问题,将数据当作一个相关产品市场不具可操作性。[②]2014年的脸书/WhatsApp并购案中,欧盟委员会认为,根据现行竞争法标准,正确的市场定义要求产品存在供求关系或者服务关系。由于用户数据只是一种中间产品,没有销售或交易,不存在需求和供给,因此无法评估数据的可替代性,也无法确定相关市场。[③]同时还认为,即使Facebook收集和使用WhatsApp用户的数据以改善其社交网络上的定向广告,考虑到仍将有大量互联网用户数据用于广告目的,且不属于Facebook的专有范围,合并不会引发竞争担忧控制。[④]

但是,相关产品市场界定的本质是寻找可以紧密替代的产品范畴,探求生产这些产品的企业(主体)之间的关系,识别目标企业的竞争者,并考察其力量对比状况。[⑤]尽管大数据原料不是产品,但是在市场竞争中,其往往

---

① 对于这个结论,Filistrucchi L、Geradin D 等学者在 Market Definition in Two-Sided Markets: Theory and Practice 一文中作了十分详细的分析,并得出结论"只有在一个双边非交易市场并且这个市场只有一个外部性的情况下,才可以在不对另一边产生外部性的市场一边进行市场界定的时候完全不考虑另外一边"。为此,这篇文章还专门举例了广告市场和读者市场的关系。本书认为,大数据产品市场本质上契合这种判断。

② Graef I, *Market Definition and Market Power in Data: The Case of Online Platforms*, World Competition, 2015.

③ Case No COMP/M.7217 - Facebook/WhatsApp, 3 Oct. 2014, para. 72.

④ Case No COMP/M.7217 - Facebook/WhatsApp, 3 Oct. 2014, para. 189.

⑤ 许光耀:《互联网产业中双边市场情形下支配地位滥用行为的反垄断法调整——兼评奇虎诉腾讯案》,载《法学评论》2018年第1期。

成为市场力量的关键因素，很多时候，互联网企业之间的竞争不在于产品之争，而在于这些产品背后是否拥有大数据。产品是市场竞争的壳，大数据才是市场竞争的内核，如许多互联网企业收购时的动机不在于被收购互联网企业的产品，而主要在于其积累的数据。谷歌在收购温控器和烟雾探测器等智能家居设备的生产商 Nest 时，考量集中在获取消费者行为数据方面的地位。[①]换言之，企业的数据才是真正影响市场竞争的关键因素。在这种情况下，为反映企业从数据获得价值的可行性，评估数据作为原料对未来竞争的影响，有必要界定一个假设的数据市场。[②] 也就是说，"市场界定直接以数据本身决定潜在竞争市场，划定数据相关产品市场，将数据作为特别资产以分析潜在数据产品市场。"[③]

假设的数据市场并没有在市场上交易，因此，相关市场的定义并非基于具体的市场经验，而只能建立在有关市场如何运作的假设之上，以确定潜在相关数据市场的边界。[④] 就现有案件纠纷来看，互联网企业的大数据作为原料在市场中主要有两种竞争模式。一种模式是大数据纯自用模式，在这种模式下，互联网企业提供免费产品或服务给用户，同时收集用户使用产品或服务留下的数据，对收集后的数据再进行分析整理，以便更好地了解用户需求，并在此基础上改进该产品或服务，再提供给用户使用，最大限度满足用户的期待。这种模式下，数据的使用在内部是完全封闭的。(见图 2)

---

① N. Newman, *Why Antitrust Authorities Should Block Google's Takeover of Nest's 'Smart Home' Business*, Huffington Post, 2014, http://www.huffingtonpost.com/nathan-newman/why-antitrust-authorities_b_4603053.html.

② Graef I, *Market Definition and Market Power in Data: The Case of Online Platforms*, 4 World Competition 473, 2015.

③ 杨东：《数字经济的理论突破与反垄断法的制度重构》，载《中国法学》2020年第 3 期。

④ Graef I, *Market Definition and Market Power in Data: The Case of Online Platforms*, 4 World Competition 473, 2015.

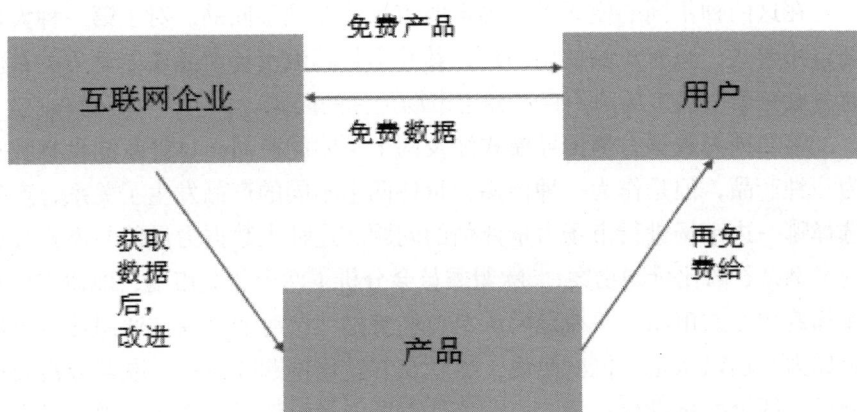

图 2 纯自用模式

另外一种模式是大数据力量传导模式，在这种模式下，互联网企业提供免费产品或服务给用户，同时收集用户使用产品或服务留下的数据。对收集后的数据分析整理后，将其传递到另外一个产品市场，从而提升互联网企业拥有的另外一个产品在市场上的竞争力。这种模式下，数据的力量在内部交流、传递，某一产品获取的数据成为另外一个产品市场竞争力的重要辅助力量。（见图 3）

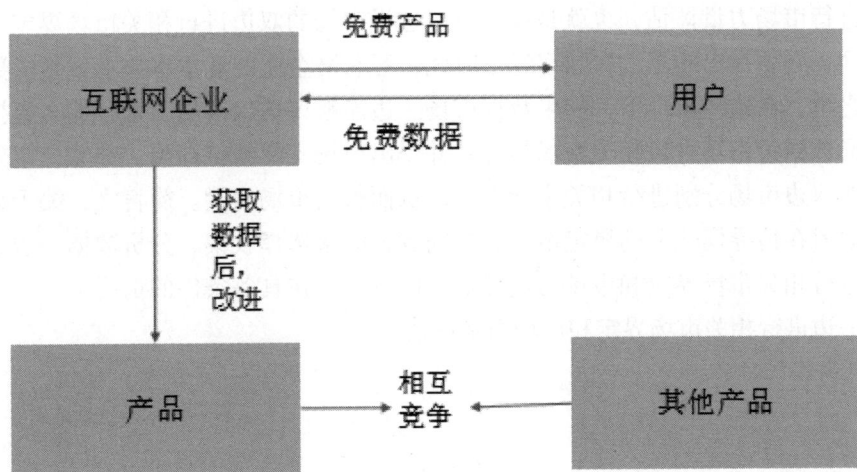

图 3 力量传导模式

在这两种不同的模式下，界定的市场选择是不同的。对于第一种大数据纯自用模式，只有产品使用问题，其并不与其他市场产品发生竞争关系。因此只有一个产品市场，不存在界定市场选择的问题。

第二种大数据力量传导模式涉及两个不同的产品，尽管数据没有独立作为一种产品，但是作为一种传递力量使两个不同的产品发生了关系，产生了选择哪一边市场进行市场力量评估的问题。这种大数据力量传导模式最典型的案例是谷歌比价购物案，[①] 欧盟委员会分析了两个相关市场，即通用搜索市场和购物搜索市场，并在最后认定市场支配地位时通过评估通用搜索市场的市场力量加以认定。也就是说，尽管在谷歌比价购物案中，欧盟分析委员会分析了两个市场进行界定，但在评估市场力量时选择了通用搜索市场进行支配地位认定，本质上是选择了通用搜索市场这一边市场进行市场力量界定。这个案例没有从理论上进行分析总结为什么认可了双边市场的模式，但是最后选择通用搜索市场一边进行市场力量的评估，以得出市场支配地位的结论。事实上，对于如何把两个市场连接起来，目前并没有比较具体的共识。

正如本书前面提到的，区分交易性双边市场和非交易性双边市场的重要标志是看交易双边的用户需求是否一致，由于收集分析数据和使用数据的需求肯定不一致，因此，涉及大数据的双边市场属于非交易性双边市场。对于大数据力量传导的双边市场来说，基于全面考虑互联网企业面临的市场竞争压力，在能够对双边市场力量进行评估的情况下，当然可以选择双边市场进行市场力量评估，也就是说，可以选择市场的双边进行相关市场界定。然而，必须指出的是，在数字经济时代，互联网企业的竞争本质上就是大数据之争，在这种情形下，如果数据市场一边能够评估出市场力量，那么直接选择数据边市场进行相关市场界定，并得出市场支配地位即可，并非一定要选择双边市场分别进行相关市场界定，从而得出市场力量。简言之，关于数据原料在传导模式下的界定市场选择问题，应该选择收集、分析数据一边市场进行相关市场界定和市场力量评估，但不排斥在具备条件的情况下，对另外一边进行相关市场界定和市场力量评估。

---

① AT.39740 – Google Search（Shopping）.

第三节　相关产品市场测试方法的完善

一、数字经济时代传统相关产品市场测试方法面临的挑战

（一）传统相关产品市场测试的主要方法

创造相关市场的概念就是为了确定哪些产品在同一个市场上相互进行竞争，以便确定哪些企业在市场上形成了市场控制力，使执法部门规制滥用市场支配地位行为有据可依。而要正确找到相关产品市场，就要探讨相关产品市场的本质。在市场经济中，企业以追逐利润为目标，因此，其提高价格的目的在于获取最多的利润。但是其涨价行为又受到一定的市场约束，当该企业涨价时，消费者将转向购买其他企业的商品或者服务来满足需求，这也就导致企业的用户减少，利润下降。在这个涨价过程中，能够满足消费者"同一需求"的商品就互相具替代性，替代性商品的总和构成相关市场，而这些商品的经营者即互为竞争者。因此界定相关市场的本质是"需求替代性"。[①]为了确认哪些产品具有替代性，世界各国的司法实践中进行了不同的尝试，也产生了多种界定市场的方法，例如需求替代性分析法、供给替代性分析法、同质产品认定法、商品群理论、附属市场力量法、假定垄断者测试法等。[②]

在实践中，最主要的是需求替代性分析法、供给替代性分析法和假定垄断者测试法三种方法。如国务院反垄断委员会《关于相关市场界定的指南》第7条第1款规定："界定相关市场的方法不是唯一的。在反垄断执法实践中，根据实际情况，可能使用不同的方法。界定相关市场时，可以基于商品的特征、用途、价格等因素进行需求替代分析，必要时进行供给替代分析。在经营者竞争的市场范围不够清晰或不易确定时，可以按照'假定垄断者测试的分析思路（具体见第十条）来界定相关市场。"上述规定描述了反垄断实践过程中遵循的测试方法顺序，即一般先适用需求替代性分析法进行测试，然后再用供给替代性分析法测试，最后再用假定垄断者测试。

---

① 许光耀：《互联网产业中双边市场情形下支配地位滥用行为的反垄断法调整——兼评奇虎诉腾讯案》，载《法学评论》2018 年第 1 期。

② 张坤：《互联网行业反垄断研究》，湖南大学 2016 年博士学位论文。

需求替代分析法和供给替代分析法较为简单，也容易操作，同时相较早期反垄断执法界定相关市场的方式也有了很大进步。但是上述两种方法都比较注重对产品特征和功能的分析，而现代产品的物理特征和功能日益丰富多样，要判断两类产品是否能够具有替代性，不同的人会形成不同的主观判断。同时，市场往往是复杂、有多种因素参与的，而需求替代分析法和供给替代分析法分别从需求和供给的角度进行分析，没有综合地考虑市场存在的各种复杂因素，因此，在界定相关市场时，该两种界定方法并不能让人满意。[①]

受到芝加哥学派经济效率主义的影响，美国 1982 年实施的《兼并指南》首次提出"假定垄断者测试法"，该方法在传统的需求替代分析法和供给替代分析法方法的基础上进行了改良，通过一种更为精确、可量化的经济学模型来界定相关市场。由于其有一整套较为完善、系统的相关市场界定模型，因此，该界定方法一经提出，就成为美国、欧盟、澳大利亚、加拿大、新西兰、日本等国家和地区在反垄断执法中相关市场界定的主要方法。"假定垄断者测试法"（Hypothetical Monopolist Test）具体的分析方法为"不大但明显的非临时性涨价"的测试法（Small but Significant and Non-transitory Increase in Price，SSNIP），即基于价格的假定垄断者测试法，主要内容为"假设存在一个具有垄断性的经营者，该经营者对其产品或者服务进行一个小幅度但是很明显的、且不是临时性的涨价时，如果有大量的用户因为这个涨价行为而转向购买其他经营者的产品和服务，其中也包括垄断经营者原有的产品和服务消费者转向购买其他产品，那么，这些产品和服务应当包括在同一市场之内"。[②]

假定垄断者测试法（SSNIP）本质上是"将某市场看作是一个商品集合，目的是寻找一个范围最佳的商品集合。在这个最佳商品集合范围内，垄断者将能够通过小幅持续涨价来实现利润增长。这个最佳商品集合将是反垄断语境中的相关商品市场，也意味着垄断者在这个相关商品市场上已占据了市场支配地位，涨价行为将使其获得更多的超额利润"。[③] 其界定模式主要分为三

[①] 李虹：《相关市场理论与实践：反垄断相关市场界定的经济学分析》，商务印书馆 2011 年版。

[②] 雷琼芳：《联网相关市场界定的研究——基于假定垄断者测试法和盈利模式测试法的比较》，载《价格理论与实践》2017 年第 2 期。

[③] 翁卫国：《互联网企业滥用市场支配地位的法经济学研究》，西南政法大学 2016 年博士学位论文。

个步骤，首先，由测试者根据经验、常识确定一个与涉案产品存在替代可能性的候选市场。比如，要测试橘子是否是市场上占据支配地位的产品，则根据经验把与橘子可能存在替代性的苹果、西瓜、桃子、梨子作为一个候选市场。其次，对测试产品进行 5%–10% 的涨价幅度，观察候选市场内产品对涨价的反应。如果橘子涨价后，苹果、梨子销量提高，取代了消费者对橘子的需求，使橘子厂家没有达到涨价获利目的，可以判断苹果、梨子和橘子是同一个产品市场。如果橘子涨价后，西瓜、桃子的销量并没有变化，说明它们与橘子不是同一个产品市场。最后，通过反复测试调整相关市场的范围。由于在选择候选市场时确定的替代产品的范围会存在过大或过小的可能，因此，需要对候选市场的产品范围进行调整，并不断进行测试，直到橘子涨价后，其他如荔枝、葡萄等水果的销量都没有增加，那么可以确定与橘子有替代作用的水果产品范围，它们属于同一个相关产品市场。

（二）传统相关产品市场测试方法在数字经济时代面临的挑战

工业经济时代，相关市场界定很大程度上依赖于 SSNIP 测试，这种测试是以价格为导向的。然而，在数字经济时代，很多互联网企业并不出售数据，而是将数据用来提升自身产品和服务质量，也就是说数据没有进入市场。同时，互联网企业又往往通过提供产品来换取用户的关注度和使用产品留下的数据，互联网企业利用这些数据既为消费者提供更好的服务，也增加了消费者从互联网获得的利益，这些形式的"交换"说明互联网企业的零价格端是市场的一部分。虽然消费者关注度和消费者数据经常作为一种非货币形式的对价，对企业具有重要价值，但它们的经济性与价格的经济性截然不同。[1] 另外，数字市场中市场界定的一个关键挑战是避免将价格作为竞争的唯一一个维度，在数字市场，价格可能不是竞争的唯一方面和最重要的方面，企业竞争更多的是创新或质量等方面的竞争，如何通过分析创新、质量来确定产品属于同一市场，可能也是一个挑战。[2] 因此，适用于工业经济时

---

[1]　J. Crémer, Y. de Montjoye & H. Schweitzer, *Competition Policy for the digital era：Final report. Publications Office of the European Union*, https：//ec.europa.eu/competition/publications/reports/kd0419345enn.pdf，2019.

[2]　Hedvig Schmidt, *Taming the Shrew：There's No Need for a New Market Power Definition for the Digital Economy*, Faculty of Law, Stockholm University Research Paper No. 17，2017.

代的 SSNIP 测试相对于数字经济时代可能过于简单，需要结合大数据的特征，以及研究零定价、质量等新要素和 SSNIP 测试之间的摩擦是对相关市场界定过程的干扰，以对传统的相关市场界定方式进行调整。

二、数字经济时代相关产品市场测试方法的改良

必须指出的是，以价格变化为基础的 SSNIP 测试方法在大数据领域互联网企业的相关测试方中有时候会"失灵"，但是，在有些情形下，比如大数据产品销售到市场，在市场上存在价格，因此依然可以使用传统的相关产品市场测试方法进行测试。同时，在数字经济时代，大数据对传统相关市场带来的挑战主要是大数据存在未进入市场或不是以价格为主的竞争的问题。本质上讲并非对传统的测试框架进行颠覆，因此，在对传统的测试方法的部分指标进行改良，使其符合大数据产品测试要求后，传统的测试方法依然有效。具体而言，一方面，对于进入市场交易的大数据产品，传统的界定方法依然可以适用。大数据产品在市场上销售，意味着其存在价格，在这种情况下，可以使用传统的需求替代分析方法。通过研究不同类型的大数据产品的可替代性，特别是可替代的功能来界定大数据的相关市场。比如，尽管支付宝和微信支付属于不同企业，但是关于某地消费者的消费数据具有可替代性，可以界定为一个大数据产品市场。

另一方面，正如前面所提到的，由于大数据很多时候未进入市场或者属于零价销售，本身没有价格，因此要对传统的相关市场测试方法进行改良。如何对相关市场的测试方法进行改良，不少机构和学者也作了不同的探索。目前，最有名的方法主要有三种，其一，是盈利测试法，这种方法兴起于欧盟，是通过拥有大数据的互联网企业的盈利模式来确定相关产品市场的方法，如果具有同样大数据盈利模式的互联网企业存在竞争关系，其大数据产品属于同一相关市场。这种通过盈利模式进行分析，清除了价格在确定相关产品市场中的作用，弥补了零价格导致的价格测试方法失效。[①] 但是这种模式的重大缺陷是，它只是一种模糊的测算方法，不能精确地测算出同类相关大数据市场的具体范围，因为有同样的盈利模式不等同于有同样的大数据产品（原料）。

---

① 邹开亮、刘佳明：《大数据产业相关市场界定的困境与出路》，载《重庆邮电大学学报（社会科学版）》2018 年第 5 期。

其二，是 SSNIC 测试法。即基于成本上涨的假定垄断者测试方法。如日本公正交易委员会在《数据与竞争政策研究报告》中提出基于成本上涨的假定垄断者测试（Small but Significant and Non-transitory Increase in Cost，简称 SSNIC）。该方法使用用户"小而显著的非暂时性成本上涨"来测试商品和服务的替代性。特别是数据已经成为最为重要的最具价值的生产要素之一，用户是以自身的数据价值以及使用时间的流量价值（注意力）向平台进行了有偿给付。因此，应考虑以数据及流量对价支付为基础构建相关市场界定的新方法。[①] 这一方法主要考察的是用户所需支出成本的变化，这些成本包括用户在选择大数据产品之时所付出的数据信息以及用户在使用该产品时所花费的时间成本。与对免费市场的竞争难度分析相比，SSNIC 分析法有助于提高对大数据产业相关产品市场界定的准确性和可信度。[②] 然而，该方法也有不足，比如对数据信息和时间成本进行量化比较困难。

其三，是 SSNDQ 测试法，也叫基于质量下降的假定垄断者测试方法（Small but Significant and Non-transitory Decrease in Quality，简称 SSNDQ）。最高人民法院在二审审理腾讯公司诉 360 案就提到该方法，该方法用"商品或服务质量下降"替代了"价格上涨"，考察用户对质量反映的变化。这种质量变化包括质量提高和质量降低两种不同情况，如果质量提高，导致用户放弃原来的产品，进而选择质量更高的产品，或者产品质量降低导致用户流失，去选择其他类似产品，那么可以将流入或者流出的产品纳入到相关产品市场范围之内。[③] 比如，对于大数据来说，反垄断执法部门可以假定占据支配地位的互联网企业降低其产品或服务的质量达到一定的程度（如降低20%），会有多少人改用其他互联网产品或服务，若转移的用户众多，则替代该网站的产品和服务列入相关大数据产品市场。[④] 基于质量下降的假定垄

---

① 杨东：《数字经济的理论突破与反垄断法的制度重构》，载《中国法学》2020年第 3 期。

② 邹开亮、刘佳明：《大数据产业相关市场界定的困境与出路》，载《重庆邮电大学学报（社会科学版）》2018 年第 5 期。

③ 邹开亮、刘佳明：《大数据产业相关市场界定的困境与出路》，载《重庆邮电大学学报（社会科学版）》2018 年第 5 期。

④ Raymond Hartman, David Teece, Will Mitchell & Thomas Jorde, *Assessing Market Power in Regimes of Rapid Technological Change*, Industrial and Corporate Change, Volume2, Issue 3, pp.317-350, 1993.

断者测试方法克服了 SSNIP 过于关注对目标产品价格变化而在免费模式中使用不足的弊端。然而，对于 SSNIQ，同样需要解决两个问题。一是质量本身对于不同的人有不同的含义，比如对于互联网企业，可以是使用产品的舒适度、大数据的安全性、大数据的隐私保护性等等各方面。因此需要确认选择哪一种质量进行 SSNIQ 测试。二是在许多情况下，数字经济开发某种产品或服务质量的成本非常高，而不是一旦开发出来就提供给消费者，在这种情况下，测试假设的质量下降可能无法代表实际情况，因为这种下降可能不会导致收入的显著增加。①

这三种测试方法当中，由于前面两种存在难以克服的缺点，盈利测试法不能精确的测量出相关大数据的市场范围，导致其使用价值不大。而基于价格的 SSNIC 测试法的成本本身亦难评估。"尽管 SSNIC 测试背后的经济逻辑在理论上看似合理，但在实践中并不适合应用于涉及在线平台的案例。注意力成本的增加很难量化，也不适合评估一个在线平台的市场力量，因为这些成本并不构成其唯一或至少主要的收入来源。同样，信息成本的使用在信息成本的量化方面带来了无数的复杂性，而新通过的全球数据保护条例的法律障碍又补充了这些复杂性，这些障碍严重阻碍了仅为利润最大化目的收集和处理个人数据。因此，不能建议将 SSNIP 转换为 SSNIC，因为这将需要做出高度复杂的决策和调整，而在非零价格市场中，没有像 SSNIP 那样可靠的实际前景。"②

故此，本书认为，在现有众多针对大数据的具体测试方法中，SSNIQ 可能是最合适的测试方法。尽管正如前面所提到的，SSNIQ 也还存在缺点，即质量评估不像价格评估那样容易观察和进行量化，质量基准的选取和下降容易产生争议。但是，这些问题相较于盈利测试法、SSNIC 测试法存在的问题更容易解决。经济合作与发展组织认为，首先，有些质量下降极容易识别，对于这些质量下降明显的行为，通过定性分析足以界定相关市场，则不需要

---

① Daniel Mandrescu, *The SSNIP Test and Zero-Pricing Strategies：Considerations for Online Platforms*, European Competition and Regulatory Law Review, Volume 2, Issue 4, p. 244, 2018.

② Daniel Mandrescu, *The SSNIP Test and Zero-Pricing Strategies：Considerations for Online Platforms*, European Competition and Regulatory Law Review, Volume 2, Issue 4, p. 244, 2018.

进行复杂的定量分析；其次，质量问题相对来说，最容易产生争议的是主观判断问题，为避免这个问题，可以吸收特定质量专家参与测试，可以通过行业调研和经济分析报告来收集需求者和竞争对手的意见，充分发挥质量评估专家、行业协会等第三方在质量评估上的积极性，确定科学合理的质量指标及权重、基准质量水平和质量下降幅度。①

---

① 殷继国：《大数据经营者滥用市场支配地位的法律规制》，载《法商研究》2020年第4期。

第五章 互联网企业市场支配地位认定标准重塑

数字经济时代，影响市场力量的各种因素发生变化，工业经济时代所形成的支配地位认定规则显示出不适应性。因此，有必要根据大数据的特性，重新梳理传统市场支配地位认定的标准和数字经济时代互联网企业形成市场控制力所需程度之间的关系，并根据大数据的特点，重塑市场支配地位（市场控制力）的认定标准。任何法律事实认定的程序和规则的形成都不是一蹴而就，而是在历史发展过程中不断探索、发展、成熟。同样，关于市场支配地位的认定标准，也是基于工业经济时代、互联网经济时代、数字经济时代的不同历史条件，不断探索、形成的过程。

第一节 传统经济下的市场支配地位认定标准

一、市场支配地位的含义

对于"支配地位"，各国在词语表达上有一定的区别。市场支配地位这个词最初来源于德国的《反限制竞争法》，后来被欧盟竞争法所继承。但是，无论是《反限制竞争法》还是欧盟竞争法，都只提到了市场支配地位这个概念（Market Dominant Position），同时，尽管对市场支配地位的构成条件作出了规定①，但是并没有对市场支配地位进行明确定义。欧盟对市场地位的定

---

① 德国《反限制竞争法》第19条第2款规定了构成市场支配地位的情形：（1）某一市场的经营者，作为某种商品或服务的供应者或需求者却没有竞争者或者没有实质上的竞争；（2）经营者相对于其他竞争者具有突出的市场地位，包括两个或两个以上的经营者之间在某种商品或者服务商不存在实质性竞争的共同支配地位；（3）一个经营者至少占有1/3以上的市场份额，三个或三个以下的经营者共同占有1/2以上市场份额，五个或五个以下经营者共同占有2/3以上的市场份额，如果这些经营者之间不存在实质性的竞争或者相对于其他企业具有突出的市场地位，则可以推定其具有市场支配地位。

义主要来源于案例，如在联合商标案中，欧盟委员会认为，如果一个企业在市场竞争中，可以不那么顾及其他市场主体，如竞争对手、顾客，而做出经济决策，那么这家企业就具有市场支配地位。通常情况下，市场支配地位可以从数个相互独立但并非决定性的一系列要素中综合产生。当然，这种市场支配地位不是说这个企业可以剥夺其他市场主体的经营自由，而是其强大到总体上保证自己市场行为的独立。[①] 美国《反托拉斯法》对市场支配地位的概念以市场力（market power）或者垄断力（monopoly power）表达。市场力是指经营者在有利可图的情况下，较长时期地将商品价格维持在竞争性价格水平之上的能力，而垄断力是指显著的市场势力。[②] 我国《反垄断法》也对市场支配地位的概念进行了定义，第 22 条第 3 款认为，"市场支配地位是指经营者在相关市场内具有能够控制商品价格、数量或者其他交易条件，或者能够阻碍、影响其他经营者进入相关市场能力的市场地位。"由不同法律或者司法实践对市场支配地位的定义可以看出，市场支配地位概念尽管定义不一，但是都表达为企业在市场上占据了一种优势，这种优势促使它可以自由地提高或者降低价格打击或者限制对手，使消费者并无选择，只能接受互联网企业的产品或服务，并获取超额利益。滥用市场支配地位就是以市场控制力为基础，进行拒绝交易、超高定价、歧视定价、搭售等。要构成反垄断法上的滥用行为，必须以具有市场支配地位为前提。

二、市场支配地位认定的主要标准

上述对支配地位的描述只是抽象概念，由于概念本身边界模糊，要对概念外延进行界定，需要有可操作的认定标准。目前，在实践中，各国家和地区普遍接受了三种最主要的判断标准，即市场结构标准（market structure），市场行为标准（market conduct）和市场绩效标准（market performance）。

市场结构标准，是指以市场上与经营者相竞争的其他经营者数量的多少，以及其在市场上的力量来判断是否具有支配地位，该认定方式主要以经营者的市场份额来判断，市场份额越大，市场力量越强，因此，具有较高市场份额的就推定具有市场支配地位。以市场上大企业的市场份额、市场占有

---

① United Brands v. Commission，Case 27/76［1978］ECR 207：1 CMLR 429.

② ［德］欧内特斯·盖尔霍恩、威廉姆·科瓦契奇、斯蒂芬·卡尔金斯：《反垄断法与经济学》，任勇、邓志松、尹建平译，法律出版社 2009 年版。

率情况判断市场结构是否健康，在某些情况下也会产生误判。比如，当消费者使用的产品具有较大差异性，或者市场壁垒较大时，市场经营者很难进行涨价。市场份额大小的情况有时候并不能判断出市场力量的实际情况。

市场行为标准，是指以经营者的市场行为来判断是否具有支配地位，如果其他经营者在价格，销售数量方面发生变化后，该经营者在相关市场的销售政策、价格水平都可以保持不变，换言之，该经营者摆脱了其他经营者的竞争约束，那么，可以认定该经营者具有市场支配地位。由于实践中的行为很难评价，因此，该标准独立评价很难，往往与其他标准合并考量。

市场绩效标准，是指根据经营者在相关市场上的盈利情况（盈利率＝销售额\成本）来判断是否具有市场支配地位，如果经营者的盈利率远远大于市场平均盈利率，那么可以认定该经营者具有市场支配地位。市场绩效主要是在一定市场结构下评估经营者的市场效果，而这种市场效果考虑的因素有成本、价格、利润、产量、产品品质等方面。[1]依据市场绩效标准，经营者的销售价格和生产成本之间的显著差别而产生的非同寻常的盈利可归结为缺乏竞争，从而得出经营者取得了市场支配地位的结论。[2]通过盈利率来判断企业的市场支配地位情况也并不一定完全准确，因为不同企业会计方法计算不同，盈利率并不能完全等同于利润。

根据哈佛学派的结构主义，市场结构决定市场行为，市场行为决定市场绩效，因此，市场结构在认定市场支配地位上起着至关重要的作用，而要判断市场结构，主要判断经营者的市场份额。市场份额与市场支配地位存在正相关关系，即市场份额越高，经营者越可能具有市场支配地位，同时，相对于其他标准，市场份额推定标准简单明了、数据易于获得，因而得以广泛适用。然而，由于经营的动态性等因素，在很多情形下，较高的市场份额并不意味着有市场支配地位。哈佛学派的结构主义有一定缺陷，因此，芝加哥学派的效率主义对哈佛学派结构主义进行了改良，认为支配地位不应过度关注市场结构，而应多聚焦于经营者的绩效和市场行为。然而，由于市场绩效所具有的盈利很难测定出多大程度上是基于市场支配地位，市场行为更是难以

---

① 刘佳：《互联网产业中滥用市场支配地位法律问题研究》，人民出版社 2018 年版，第 104 页。

② 孟雁北：《反垄断法》，北京大学出版社 2011 年版，第 118 页。

测量。在司法实践中，各国家和地区大多综合了哈佛的市场结构主义和芝加哥学派的效率主义对市场支配地位进行认定，形成了以市场结构标准为主、市场行为标准和市场绩效标准为辅的综合标准形式。[①]

必须强调的是，肯定以市场结构标准为主、市场行为标准和市场绩效标准为辅的综合标准形式评估市场支配地位，并非否定通过考察其他因素来认定市场支配地位。因为市场力量的大小既取决于经营者自身的实力，如市场份额、市场绩效、市场行为，同时也取决于竞争对手的情况，比如其他竞争对手进入现有市场障碍大不大，交易相对人对竞争对手的依赖程度高不高等各种因素，即便经营者占据较高的市场份额，倘若其他竞争对手进入该市场很容易，也不能因此认定该经营者占据市场支配地位。[②] 因此，这里强调的市场份额、市场绩效和市场行为标准，主要是指传统评估市场力量的标准中，该标准对确定市场支配地位具有决定性意义。事实上，在传统的反垄断实践中，大部分国家和地区都以市场份额为主，兼顾利润率、交易相对方的依赖性、市场进入壁垒、其他竞争者的市场行为等因素来认定经营者的市场支配地位。[③] 比如，我国反垄断法第19条规定一个经营者在相关市场的市场份额达到二分之一的，推定其具有市场支配地位；同时，我国《反垄断法》第23条亦明确规定，认定市场支配地位应当考虑市场份额、市场竞争状况、经营者的财力和技术、市场进入障碍等。[④]"换言之，我国市场份额在50%以上的企业可以被推定为具有市场支配地位，市场份额在50%以下的企业是认定的对象。即市场份额是市场认定的重要因素，但并不是唯一因素，还可以考察其他反映企业综合竞争力的因素，如其他经营者进入相关市场的难易程

---

① 刘佳：《互联网产业中滥用市场支配地位法律问题研究》，人民出版社2018年版，第105-106页。

② 刘佳：《互联网产业中滥用市场支配地位法律问题研究》，人民出版社2018年版，第109页。

③ 刘佳：《互联网产业中滥用市场支配地位法律问题研究》，人民出版社2018年版，第106页。

④ 我国《反垄断法》第23条规定，认定经营者具有市场支配地位，应当依据下列因素：（一）该经营者在相关市场的市场份额，以及相关市场的竞争状况；（二）该经营者控制销售市场或者原材料采购市场的能力；（三）该经营者的财力和技术条件；（四）其他经营者对该经营者在交易上的依赖程度；（五）其他经营者进入相关市场的难易程度；（六）与认定该经营者市场支配地位有关的其他因素。

度（市场障碍），经营者的财力和技术条件，该经营者控制销售市场或者原材料采购市场的能力等对企业是否具有市场支配地位进行认定。

第二节　数字经济时代大数据对传统市场力量认定标准的挑战

市场力量概念的提出是为了方便理解市场支配地位，因为市场支配地位的本质是对市场力量大小的认定。总体而言，市场力量与滥用行为的类型反竞争属性密切相关，对于反竞争属性较强的行为类型，市场力量要求相对较低，对于反竞争属性较弱的行为类型，市场力量要求相对较高。[1] 然而，经济发展阶段的不同影响，不同的国家或地区可能认定不同的市场力量标准为本国或地区的市场支配地位。同时，各国家和地区市场力量和市场支配地位的衡量标准也在随着时代的发展而不断更新。在数字经济时代，互联网企业市场力量评估不仅仅因互联网时代的双边市场、网络效应、规模效应等市场力量因素受到影响，还面临新出现的能产生市场力量的大数据的影响。可以说，大数据的出现改变了市场力量评估的法律、技术和经济基础，现行市场力量评估标准已经落后于数字经济时代规制滥用行为的需要。

一、大数据赋予互联网企业市场竞争优势

尽管有少数人对大数据的市场力量进行怀疑[2]，但总体而言，社会普遍认可大数据在赋予互联网企业的市场力量方面的作用。高质量的大数据并非随便可以获得，互联网企业也会采取一定手段让他人难以轻易获得大数据。大

---

① ［美］赫伯特·霍温坎普：《联邦反托拉斯政策：竞争法律及其实践》，许光耀、江山、王晨译，法律出版社 2009 年版，第 297 页。

② 有人认为，数据具有多归属性和非排他性，任何人都能通过一定手段获取，数据的价值也非因为数据多，一个小企业掌握的数据少，也并非意味着其竞争力就比掌握多的大企业差，数据的价值关键在于数据的算法分析，且数据的价值往往是有生命周期的，数据的价值会随着时间的流失而降低，因此，数据让企业产生市场力量是假命题（参见 Lambrecht, A. & C. Tucker, *Can Big Data Protect a Firm from Competition?*）。

数据已经在生产和交换过程中成为了一种昂贵的资源，甚至成为互联网企业自身发展的重要组成部分。大多数互联网企业都在充分利用互联网市场本身具有的网络效应、锁定效应、双边市场、零价竞争等特性，并结合大数据非排他性、人身性、与算法密切结合等特征，促进自身发展。某种程度上，互联网企业的竞争优势也越来越取决于其掌握的大数据数量以及对大数据分析、处理的能力。这种市场力量，在市场竞争中可以表现为不同的市场竞争优势。

第一，利用大数据形成市场壁垒。在互联网某些行业，领先的企业会拥有较多的数据，这些数据往往对提高服务质量有很大帮助，甚至直接决定了产品能否提供。但是当小型互联网企业或者新成立的互联网企业要进入该市场，而这些企业不愿意出售或者共享这些数据时，由于无法（大量）收集或者购买，这些数据将成为小型互联网企业或者新成立的互联网企业进入市场的壁垒。进入该市场的新进企业难以收集到在市场上浸淫多年的企业相同或者类似的数据，无法与旧企业公平竞争，亦无法发展壮大，导致旧企业在该领域一家独大或者少数几家占据支配地位。①

第二，利用大数据进行限制或者削弱竞争。大数据可以使市场更加透明，但是这种透明市场亦可能被不同的互联网公司所利用，从而导致限制或者削弱竞争。比如，不同互联网企业通过互联网实时了解到竞争对手的定价信息，在利用网络系统进行定价时，彼此心照不宣，实行共谋定价，通过这种定价获取超额利润。甚至有些互联网企业利用算法，根据竞争对手的价格进行定价。如对于新进入互联网企业，以倾销的角度，使该企业"胎死腹中"，防止其发展形成竞争对手。

第三，利用大数据形成市场竞争优势。现在的互联网企业通常平台化、生态化发展，一家企业及其子公司或关联公司不仅仅拥有社交通讯、电子邮箱等业务，同时，还拥有网络购物、搜索引擎等业务。因此，这种互联网巨头可以从不同公司或业务获取不同领域的大数据，使对社会个体的了解更加全面，不仅可以了解个体的基本情况信息，比如姓名、年龄、性别，还可以了解个体的社会交往范围、购物需求、生活爱好等。这将导致使企业在针对用户进行线上营销、需求分析、价格优化等方面更加精准，从而大大提升企

---

① Gambaro M，*Big Data Competition and Market Power*，Market and Competition Law Review 2（2），pp.99-122，2019.

业的竞争优势。同时，互联网企业还可以将这种市场力量利用杠杆效应，投射到其他市场。

二、传统市场支配地位认定标准面临大数据产生的新问题

传统经济时代，认定企业市场支配地位的标准以市场份额标准为主，市场绩效标准和市场行为标注为辅的综合认定模式。在这种模式下，市场份额占据绝对主导地位。换言之，即便不考虑市场绩效标准和市场行为标准，依据市场份额标准也可以认定市场。如我国《反垄断法》第19条规定，一个经营者在相关市场的份额达到二分之一就可以推定具有市场支配地位。

各国在规定市场份额作为评估市场支配地位的主要标准的同时，也肯定了其他经营者进入相关市场的难易程度、经营者的财力和技术条件等其他因素来配合认定企业的市场支配地位。但由于这些因素的认定缺少量化、可操作的标准，容易出现随意执法的情况，因此，这些因素往往需要与市场份额结合起来综合认定经营者的市场支配地位。也就是说，市场份额的多少往往决定了市场力量的大小，市场份额的认定对评估企业的市场支配地位的至关重要。然而，在数字经济时代，互联网企业拥有大数据后，很多情况下，大数据并没有进入市场，也就没有份额，因此，市场份额在评估拥有大数据的互联网企业的作用降低。同时，在评估市场力量的同时，还面临其他影响市场力量认定因素的评价和量化问题。总之，数字经济时代，大数据的新特征给工业经济时代支配地位认定标准带来三个方面的挑战。

（一）传统认定标准无法识别非价格下市场力量的大小

传统的市场力量评价方式主要基于价格上的销售总量或销售总价，根据具体的市场份额为主导的认定标准确定企业的市场力量。然而，在数字经济时代，当产品开发出来后，后面的产品生产几乎没有成本，属于低边际成本，在这种情况下，基于传统的成本加利润定价模式难以适应。因此，在数字经济时代，价格取决于消费者对产品的估价，而不是成本，消费者对产品的评价越高，消费者愿意支付的价格就越高。这给传统的定价方法和强制许可证的设置造成了障碍。[①] 在评估市场力量时，传统对市场支配为的认定为"将价格提高到竞争水平以上的能力"的标准，在数字经济时代不适用。此外，在数字经济中，互联网企业的运营都是在双边市场进行，给一边市场提

---

① Case COMP/M.4731 Google/DoubleClick，11 March 2008.

供产品或服务，另外一边市场获取消费者个人数据，也就是说，尽管互联网企业获得了数据，但是它提供的是免费产品，产品的单价为零、销售额也为零，这导致竞争性价格的参考点不存在，更不要说评估是否有能力将价格提高到竞争水平之上。① 另外，很多互联网企业采取零价竞争，首先以免费试用吸引大量客户，同时通过正反馈效应积累用户。最后市场上只有少数几种产品，其他竞争者被淘汰，新进入者很难进入该市场。然而，尽管该企业拥有大量用户，也拥有大量数据，但其产品销售数量却很少，市场份额也不够高。而在这个市场上，企业拥有的用户和用户数据极具市场支配力，若仅以市场份额作为市场支配力的衡量要素，可能会得出与实际情况相反的结论。②

（二）传统认定标准无法评估动态竞争下市场力量大小

在工业经济时代，由于市场相对比较稳定，占据支配地位的企业在较长时间维持稳固地位，因此市场竞争总体处于静态。在认定市场支配地位时，以市场份额方式进行评估，总体是准确的。然而，在数字经济时代，互联网企业之间的竞争是技术创新的竞争和商业模式创新的竞争，技术创新和商业创新模式脱离了物质成本的束缚，随时处于变化中。比如，随着新技术、新商业模式的出现以及网络效应的影响，十分容易出现互联网巨头。但是，这些互联网巨头很快又会被新的技术产品挑战，因此，大型互联网企业始终面临着技术创新的压力，再强大的市场力量也是短暂和不稳定的，如美国在线（AOL）、MSN Messenger 等公司的业绩曾达到很高的水平，但随着 Facebook、Snapchat、WhatsApp 等进入市场，这些公司的业绩迅速下滑。因此，在大数据市场，不存在一个高枕无忧、始终占据市场支配地位、不惧怕颠覆性竞争的互联网企业。③

也就是说，即便企业拥有较高的市场份额，但一旦有新的技术突破或者商业模式的改变，企业占据的较高的市场份额也会受到挑战。在微软/Skype 的合并案中，欧盟委员会认为，尽管微软在合并后将在基于 Windows

① Hedvig Schmidt, *Taming the Shrew: There's No Need for a New Market Power Definition for the Digital Economy*, Faculty of Law, Stockholm University Research Paper No. 17, 2017.

② 李荣、陈祉璇：《大数据反垄断的挑战与规制优化》，载《石河子大学学报（哲学社会科学版）》2019 年第 5 期。

③ Digital Platforms' Market Power, https://ec.europa.eu/competition/information/digitisation_2018/contributions/emag, 2009.

的 PC 上提供的视频通话的最狭窄的相关市场上占有 80%~90% 的市场份额，但这种集中不会引起竞争问题，因为该行业具有动态特征以及存在足够多的替代供应商，消费者可以很容易地转向这些供应商。[①] 欧盟委员会在对 Facebook/WhatsApp 合并决定中也认为，高市场份额并不一定意味着消费者通信服务市场的市场力量。[②] 这种高速变化的竞争情况意味着高市场份额并不代表市场力量，必须充分考虑市场竞争中的动态效应来评估互联网企业的市场力量。

（三）传统认定标准无法识别大数据新特征对市场力量的影响

在数字经济时代，数据产品很大的一个特性是与个人的隐私密切相关。因此，有些互联网企业，要么通过对消费者实施不公平条款，滥用隐私，过度收集或者处理用户的个人数据，要么利用隐私保护的理由，不允许数据转移，从而不断加强自身市场地位。在这种情况下，如何评价非价格行为造成的市场力量？又如，算法垄断的一个重要方面是通过对自己经营的业务进行特殊照顾，歧视竞争对手的业务，实现自我优待，从而扼制竞争。[③] 在现实市场竞争中，发生过多起"大数据杀熟"事件，这种行为损害价格竞争机制，增加了消费者为获取所需产品或服务而承担的成本，损害了社会公共利益。但由于"对滥用市场支配地位的规制本身属于一种结构性行为规制，其关键性前提在于市场主体拥有主导性的市场力量。亦即是说，即使数据市场的交易或竞争行为符合上述违法类型的相关特征，但是不占据市场支配地位，也不能算滥用行为"。[④] 换言之，尽管大数据隐私、算法等因素赋予了互联网企业市场力量，但是，现有的认定标准只能依据传统的市场份额、市场壁垒等因素加以评估其市场控制力，即便这些利用算法、隐私的滥用行为已经破坏了市场竞争秩序，损害了社会公共福利，由于传统认定标准无法对其进行评估，因此，这些反竞争行为也无法被反垄断法约束。

---

① Case No COMP/M.6281 – Microsoft/Skype，7 Oct.2011.

② Case No COMP/M.7217 – Facebook/WhatsApp，3Oct.2014.

③ 李勇坚：《互联网平台寡头垄断：根源、影响及对策》，载《人民论坛》2021年 Z1 期。

④ 詹馥静：《大数据领域滥用市场支配地位的反垄断规制——基于路径检视的逻辑》，载《上海财经大学学报》2020 年第 4 期。

第三节　对大数据形成的市场支配地位认定标准的三种探索

由于大数据给市场竞争带来的重大挑战，执法机关和有关学者针对数字经济时代产生的新的市场力量的评估标准问题提出了各种观点和解决路径，最主要的有以下三种。

一、维持传统经济下市场支配地位的认定标准但适当改良

首先，这种观点肯定了维持现有市场支配地位认定标准的必要性。Hedvig K Schmidt 认为，尽管数字经济给反垄断法带来了一系列挑战，但是传统反垄断法的市场力量认定分析框架足以应对这些挑战，因为这个市场力量认定分析框架本身就具有灵活性，并且是一个不断发展的框架。尽管一般认为，把价格在一定时间高于竞争水平的上涨视为市场力量的标志，但是，"价格上涨"是"竞争参数"（如价格、产出、创新、多样性）的各种方式的简写，以往太关注于价格上涨的经济学定义，在数字经济时代下，完全可以根据时代的变化，不再只从价格角度来认定市场力量。[1] 也就是说，数字经济时代，平台、数据、算法等数字经济发展带来的新问题仍可被既有反垄断规则体系予以消化、吸收。[2] 比如，市场份额认定方式仍然是认定市场力量的主要标准。尽管在数字经济时代，仅凭市场份额不足以认定经营者的支配地位，但是非常大的市场份额本身就是市场力量的体现。因此，欧盟法院认为"支配地位的存在可能源于若干因素，这些因素单独考虑，不一定是决定性的，但在这些因素中，一个非常重要的因素是存在非常大的市场份额"。[3] 在数字经济时代市场力量认定的司法实践中，众多司法机构把市场份额作为认定市场力量的重要因素。谷歌比价购物案中，欧盟委员会就是基于谷歌的通用搜索服务在欧盟绝大多数成员国内都拥有高达 90% 左右的市场份

---

[1]　Hedvig Schmidt, *Taming the Shrew*：*There's No Need for a New Market Power Definition for the Digital Economy*，Faculty of Law，Stockholm University Research Paper No. 17，2017.

[2]　韩伟：《数字经济时代中国〈反垄断法〉的修订与完善》，载《竞争政策研究》2018 年第 4 期。

[3]　Hedvig Schmidt, *Taming the Shrew*：*There's No Need for a New Market Power Definition for the Digital Economy*，Faculty of Law，Stockholm University Research Paper No. 17，2017.

额，且没有其他有效的竞争对手，推定谷歌具有支配地位。[①]

其次，这种观点也强调根据大数据的特点对现有市场力量认定标准进行改良。一是市场份额的含义要在数字经济时代发生改变。市场份额的含义不再仅仅等同于销售金额、销售数量，还可以是其他指标。二是要强化其他因素对市场力量的影响。在数字经济时代，由于大数据产生的新特性，在评估市场力量的时候，在关注市场份额的同时，也可以强化对进入壁垒、潜在竞争对手等因素的考量，特别是对拥有大数据对市场竞争产生的影响。甚至把大数据在市场竞争中的作用作为评估市场力量非常重要的考量因素。市场支配地位的评估方式本身比较灵活，要根据不同的案件情况适用不同的指标。三是根据数字经济的特点，延长市场支配地位的时间认定。由于数字经济的动态性，市场控制力的大小与控制时间的长短密切相关。即便拥有较大市场份额的互联网企业，在数字经济时代，其市场控制力也是脆弱的。因此，在数字经济时代，评估市场支配地位时，时间尺度比以往任何时候都重要。对市场份额的引用不能是静态的，而是应该在一个足以证明市场份额有意义的时间框架内进行评估，并根据具体情况加以解决，有人认为，任何少于 3-5 年的时期都不够将市场份额用作市场力量的初始指标。[②] 在经济合作组织（OECD）的一次数字经济听证会上，有人建议将互联网企业市场支配地位的控制时间确定为 5 年。任何不到三年的时间在一个充满活力的市场中都可能被认为太短，无法将高市场份额作为主导地位的指标，但如果一家公司在五年后仍然没有受到挑战，那么它很可能处于主导地位。[③]

二、基于互联网 + 大数据构建市场支配地位认定标准

由于互联网对传统工业经济的重大冲击，不少机构和学者围绕互联网企业的双边市场、网络效应、锁定效应等因素构建市场支配地位的认定标准。互联网经济主要是平台经济，市场份额对市场影响不再起主导作用，网络效

[①] 顾正平：《2017 年国际反垄断十大经典案例评析》，载《竞争政策研究》2018 年第 2 期。

[②] Damien Geradin, Nicolas Petit, Mike Walker, Paul Hofer & Frédéric Louis, *The Concept of Dominance in EC Competition Law*, https://ssrn.com/abstract=770144, 2005.

[③] Hedvig Schmidt, *Taming the Shrew: There's No Need for a New Market Power Definition for the Digital Economy*, Faculty of Law, Stockholm University Research Paper No. 17, 2017.

应、用户锁定效应对市场竞争的影响十分突出。社会各界对互联网企业的市场支配地位的评估，从市场份额转变为多种因素考量，市场壁垒也成为市场势力的考察重点。

有学者将互联网产生的市场障碍因素提到与市场份额并列的位置，认为认定市场支配地位主要基于两个方面判断，即市场份额和市场进入障碍。而市场障碍的因素，主要是互联网企业所具有的范围经济、规模经济、双边市场、学习效应、网络效应、用户习惯、用户黏性等。[①] 我国法院对腾讯公司诉360案件的判决削弱市场份额在认定市场支配地位中的作用，突出了互联网经济领域的特征给市场势力认定带来的影响。该案中，最高人民法院的二审生效判决认为："互联网环境下的竞争存在高度动态的特征，相关市场的边界远不如传统领域那样清晰，在此情况下，更不能高估市场份额的指示作用，而应更多地关注市场进入、经营者的市场行为、对竞争的影响等有助于判断市场支配地位的具体事实和证据。"[②]

值得注意的是，上述观点基于互联网经济蓬勃发展的背景，提出强化互联网企业因素对市场力量认定的关键影响。随着数字经济时代的到来，社会各界开始认识到大数据的重要性，因此，在互联网经济时代评估市场支配地位的标准上又增加了大数据维度，不过其评估市场力量的基础还是基于互联网企业特征。也就是说，仅把大数据作为认定市场力量的一个因素，但不是一个关键性因素。我国2019年6月发布的《禁止滥用市场支配地位行为暂行规定》第11条明确规定，认定互联网等新经济业态经营者具有市场支配地位，可以考虑相关行业竞争特点、经营模式、用户数量、网络效应、锁定效应、技术特性、市场创新、掌握和处理相关数据的能力及经营者在关联市场的市场力量等因素。德国《反限制竞争法》（GWB）第18（3a）条规定：特别是在多边市场和网络的情况下，在评估企业的市场地位时，还应考虑到：直接和间接的网络效应，不同提供商服务的并行使用和用户的转换成本，与网络效应相关的企业规模经济，企业获取与竞争有关的数据，创新驱动的竞

---

①　于左：《互联网大数据平台的市场支配地位认定与反垄断政策》，载《竞争政策研究》2017年第5期。

②　参见最高人民法院（2013）民三终字第4号民事判决书。

争压力。[①]

三、以大数据特征为基础构建市场支配地位认定标准

根据这种观点，大数据产生的力量不仅来源于数据的量，还来源于数据的算法。大数据极具价值，并不是可以自由获取的数据，大数据是市场竞争中最为关键的因素。要评估大数据在市场中产生的力量，就需要找到一种客观的方式赋予数据价值，并以大数据为中心来构建评估互联网企业市场支配地位的方式。而要评估互联网企业的市场支配地位，可以从以下几个方面出发。一是掌握大数据情况。并不是所有的大数据都有用，只有掌握了高质量、高价值的大数据才能产生市场优势，因此，可以通过判断互联网企业掌握的大数据情况来考量市场力量。二是判断对大数据的控制能力。经营者对大数据的控制能力与数据可携带程度、其他经营者获取数据的难易程度和对数据的依赖程度密切相关。三是大数据市场的竞争效应。即互联网企业是否通过一定的手段实施会员制、积分制等差异化策略或排他性策略将用户锁定，从而抵消大数据多宿主、非排他性的特征影响。四是经营者在关联市场的市场力量，经营者在关联市场的市场力量可传导至邻近市场。[②]

以大数据为核心认定市场支配地位的案件是德国脸书案。德国联邦卡特尔局认为，在社交网络市场中，Facebook 凭借其 2300 万的日均活跃用户人数和 3200 万的月均活跃用户人数占据了超过 80% 的市场份额。同时，由于掌握了大量的用户数据，在社交网络的直接与间接网络效应的影响下，竞争者要获得大量用户尤为艰难，大数据基础的缺失无疑将使潜在竞争者的准入门槛较高，因此认定脸书公司具有市场支配地位。[③]

四、对三种不同市场支配地位认定标准的评议

尽管上述三种探索对如何认定大数据在市场竞争中的定位以及作用有所

---

① 参见 2017 年第九次修正的《德国反限制竞争法》，http：//www.gesetze-im-internet.de/gwb/__18.html。

② 殷继国：《大数据经营者滥用市场支配地位的法律规制》，载《法商研究》2020年第 4 期。

③ 韩伟：《数字经济时代中国〈反垄断法〉的修订与完善》，载《竞争政策研究》2018 年第 4 期。

区别，但是都看到了大数据对于评估互联网企业的市场支配地位方面的重要作用。总体而言，上述三种探索都存在一定的不足。

第一种观点是对传统认定标准的修补，忽视了大数据在市场竞争中的核心作用。数据是人工智能和智能在线服务的关键要素之一，也是生产流程、物流和目标营销的关键输入。利用数据和开发新的、创新的应用程序和产品的能力是一个具有竞争力的参数，[1] 而以传统的框架认定大数据市场的力量，依然把大数据当作类似工业经济时代的产品和评估其市场力量的一个因素。没有察觉出大数据特性与传统产品发生了变革性的变化，亦忽视了大数据在市场竞争中的决定性作用。比如，工业经济时代，对市场产生竞争影响的主要是进入市场交易的产品，但是在数字经济时代，大数据存在两种不同的形态，大数据原料和大数据产品，而且大数据原料还未进入市场，但是对市场竞争产生根本性影响。又比如，在数字经济时代，企业的经营方式发生根本性变化，拥有大数据的企业大都是平台化经营，其市场竞争力与大数据深度融合。

第二种观点主要还是基于互联网企业的市场特性加以评估市场支配地位，没有认识到大数据在市场竞争中的根本性作用。互联网企业的双边市场、网络效应、锁定效应对认定互联网企业的市场支配地位起着重要作用。同样，大数据的双重形态、算法、杠杆效应、规模经济亦对认定互联网企业的市场支配地位起着重要作用。从表面上看，难以区分究竟哪种因素对认定市场地位起到决定性作用。然而以互联网企业特征为主体构建认定市场支配地位标准，还是以大数据特征为主体构建认定市场支配地位标准，从根本上决定了构建认定支配地位标准的具体方向和路径，整个互联网企业滥用大数据支配地位的市场力量评估标准的性质都会发生根本性改变。

第三种观点虽然看到了大数据在市场竞争中的关键性作用，也立足于大数据特征进行分析其市场力量，但是没有解释大数据产生市场力量的本质和不同力量来源之间的相互关系，也没有对不同程度下的市场力量是否构成市场支配地位进行区分。比如，"大数据杀熟"需要多大市场力量才构成滥用市场支配地位？互联网企业对于拒绝交易大数据行为和大数据杀熟行为在认

---

① J. Cr é mer, Y. de Montjoye & H. Schweitzer, *Competition Policy for the digital era*: *Final report*, Publications Office of the European Union, Luxembourg, https://ec.europa. eu/competition/publications/reports/kd0419345enn.pdf, 2019.

定是否构成市场支配地位时，对市场控制力是否需要一样？总之，该观点对于大数据各个力量之间，以及互联网企业的双边市场、网络效应如何渗入到市场力量当中，没有系统的分析，因此，构建评估互联网企业滥用大数据市场支配地位的市场力量的认定标准时，缺少实践操作性。

第四节　数字经济时代市场支配地位认定标准的重塑

尽管以大数据为基础重构市场支配地位的认定标准存在不足，但是，本书总体上同意这种观点和路径，只不过还需要对其进行完善，特别是需要在认识市场支配地位本质的基础上，重塑不同情况下的形成市场支配地位的因素和所需的市场力量程度。

一、市场支配地位本质在不同经济形态下的表现形式

只有认清了市场支配地位的本质，才能够在不同经济结构下，对多大程度的市场力量形成市场支配地位有清晰的认识，并有针对性地对不同程度的市场力量规定相应的市场支配地位认定标准。本书认为，市场支配地位的本质[①]在于经营者具有影响和控制消费者的能力，这是经营者在市场竞争中占据优势，形成市场力量的根本。[②]这种影响和控制消费者的能力，在不同的

---

①　前面提到，关于市场支配地位的定义，不同国家和地区作了不同描述。欧盟委员会认为市场支配是指不必考虑竞争对手、顾客以及大多数消费而独立作出经济决策的能力，美国反托拉斯法认为市场支配地位是有利可图的情况下，较长时期地将商品价格维持在竞争性价格水平之上的能力，而我国反垄断法认为，它是控制商品价格、数量或者其他交易条件，或者能够阻碍、影响其他经营者进入相关市场的能力。经营者为什么能够具有将商品价格维持在竞争性价格水平之上的能力？为什么具有不必考虑竞争对手、顾客以及大多数消费而独立作出经济决策的能力？为什么具有控制商品价格、数量或者其他交易条件，或者能够阻碍、影响其他经营者进入相关市场的能力？本书认为，企业进入市场，目的在于利润和获得更多的消费者，因此，其能产生市场控制力，关键在于能控制和影响消费者。

另外，从反垄断法的本质来说，其更加注重实质公平，这就使其天然对于市场竞争中的弱势者——消费者予以倾向性保护。这在某种程度上意味着需要以消费者为角度看待市场支配地位是否存在，也就是说，从消费者视角判断是否存在市场支配地位。

②　刘佳：《互联网产业滥用市场支配地位法律问题研究》，人民出版社2018年版。

时代背景下，产生的经济社会基础不同，表现形式不同，社会可识别的标准也不同。

工业经济时代，经营者通过控制有限的物质资料来控制消费者，这种控制和影响能力主要通过市场份额等标准体现。在工业经济时代，物质生产资料等有形生产条件或者生产能力有限，且大部分物质生产原料或者生产能力被占据支配地位的经营者所占据、掌握，因此，在相关市场上的商品大多由涨价行为人所生产或者提供，物质原料、技术条件在社会上总量一定，而占据支配地位企业又控制多数的情况下，其他经营者无力大量增加产出，则多数消费者别无选择，在购买消费品时候受到经营者的影响和控制，只能选择经营者的产品，接受经营者的涨价。这种涨价的能力，可以通过经济学中的价格分析理论来衡量，比如通过市场份额、市场绩效或者市场行为的经济学概念来认定。市场份额、市场绩效高，或者市场行为不受竞争约束，说明市场控制力强，市场支配地位高。

在互联网经济时代，经营者通过控制置换成本来控制消费者，这种控制和影响能力主要通过用户渗透率（占有率）、访问时间、搜索量和点击量体现。在互联网经济时代，互联网企业提供的产品不再受制于物质条件的限制，提供的产品几乎没有成本，更多是技术的变革和模式的创新。[1] 物质资料占据的多少或者生产能力的高低并不能影响决定其他竞争经营者生产的产品情况，也无法影响市场消费者的选择。在这种情况下，互联网企业通过网络效应、锁定效应等互联网时代特征让消费者对其产品或服务形成依赖。如腾讯公司提供微信聊天产品，消费者的微信朋友圈、微信支付等功能都与微信聊天这个产品紧密相连，消费者已经从多方面对微信聊天形成依赖，即便想转换一个类似微信聊天的互联网产品，微信支付等功能并不会随着它一起转移，意味着消费者要失去微信聊天使用过程中长期形成的这些与微信聊天紧密相连的其他 App，面临转换成本太高的问题，这无形中对消费者形成强大的控制力或影响力，使消费者别无选择。而这种置换成本对于经营者的其他竞争者来说则是市场壁垒。由于这种置换成本或者市场壁垒并非经营者对

---

[1]　在互联网经济时代，企业产品成本主要是人力和研发成本，一旦产品创造出来，边际成本为零，其他产品增加消费者都不需要再付出成本，因此，扩大产能可以无限制。比如研发出 QQ 以后，除了维持运营成本外，每增加一个用户，腾讯公司不需要支出任何成本。

生产能力或者生产条件控制而导致，[①] 因此，再基于经济学概念上的市场份额、市场绩效等因素进行评估，显然没有适应这种变化。在互联网时代，对于消费者来说，使用互联网产品时间越长，说明消费者依赖性越大，消费者的置换成本越高，经营者的市场壁垒也越高，越能在市场上占据支配地位。因此，置换成本是衡量支配地位的关键性因素，而评估置换成本的标准主要通过户数量、用户渗透率（占有率）、访问时间、搜索量和点击量体现。

在数字经济时代，经营者掌握足够多的数据，全面了解消费者，并且这种控制和影响能力主要通过掌握大数据的数量多少（数据垄断、流量垄断），和算法的高低（算法垄断）来体现。传统经济下，企业产品或服务的竞争优势在于比较优势和满足需求，但是到了数字经济时代，竞争的根本逻辑发生变化，企业的竞争不再受制于工业经济时代的物质资料限制，因此可以更加专注于消费者，从了解和掌握消费者的需求出发，再通过技术的应用创造性地加以实现，从而占据市场。[②] 毫无疑问，在数字经济时代，产生或者拥有大数据的市场主体主要是互联网企业，大数据产品在很大程度上也是互联网产品，这也意味着互联网时代的双边市场特性、网络效应特性、锁定效应特性依然在数字经济时代发生作用，转换成本对消费者依然产生影响，但是也必须看到，互联网企业因大数据产生的市场控制力与互联网时代产品产生的力量有很大区别，在数字经济时代，市场控制力的本质就是经营者通过掌握足够的数据全面深入了解消费者，并通过改进产品和服务对消费者投其所好，形成使用惯性，并在此基础上不断传导、延伸、叠加市场优势，从而对消费者不断形成数据影响力和控制力。

总而言之，市场支配地位本质表现形式随着不同时代经济基础的变化而变化，从工业经济时代的控制生产资料和生产能力形式，转变到互联网时代的强化置换成本形式，再到数字经济时代形成数据垄断形式。换句话说，数字经济时代市场支配地位的表现形式与传统不一致，因此，评估市场支配地位的标准或者因素也需要随着时代的改变而重新构建。

本书强调，导致市场支配地位基础（本质）力量来源，并不否定其他因

---

① 许光耀：《互联网产业中双边市场情形下支配地位滥用行为的反垄断法调整——兼评奇虎诉腾讯案》，载《法学评论》2018 年第 1 期。

② 陈春花：《讲透数字时代的战略认知、逻辑和选择》，北大国发院，http://www.qianjia.com/html/2019-03/12_328562.html。

素对形成市场支配地位的影响，其他因素通过对形成市场支配地位的基础力量进行叠加或者减弱，最终形成一个控制市场影响市场的力量。同时，由于力量本身有大小，因此，市场支配地位标准的评估意味着包括范围标准，即评估市场支配地位需要考虑哪些因素；也包括程度标准即市场力量达到多大程度才能够被认定为传统意义上的市场支配地位。

二、数字经济时代市场支配地位认定需考虑的因素

互联网企业在运用大数据进行市场竞争的过程中形成竞争优势，本质上是多种因素相互作用的结果。在评估市场支配地位时需要考虑的因素本质上就是考虑哪些因素对市场竞争优势起到了作用。前面提到，网络效应、规模效应、锁定效应、双边市场、大数据的算法及数量等各种要素都有助于互联网企业形成市场力量。但是，它们在市场力量产生的过程中究竟是怎么发生作用的？在评估市场地位时需要考虑哪些因素？

本书认为，市场力量因互联网或大数据的一些市场特性产生、强化、弱化。这些不同特性产生的力量最终通过抵消、强化、合成等作用与反作用形成最终的市场力量。具体而言：

第一，规模效应和范围效应产生市场竞争力量。数字经济时代，市场控制力的本质就是经营者通过掌握足够的数据全面深入了解消费者，并通过改进产品和服务对消费者投其所好形成使用惯性，从而对消费者不断形成数据影响力和控制力。互联网企业要了解消费者，可以通过规模效应收集用户的信息，例如对比个人 10 年前和 10 年后购物爱好的变化，以实现对用户深度了解；可以通过范围效应聚集企业掌握的用户使用不同产品时所留下的数据，并进行分析计算，从而形成对消费者的广泛了解。"尽管从消费者的角度来看，搜索、电子邮件和娱乐似乎是不相关的服务，但如果整合不同业务的数据可以给消费者建立有关个人兴趣与购物习惯的档案，则这类档案对潜在广告商的价值就会提升，它使得广告商可以通过在单独服务中无法实现的方式去锁定目标消费者。"[①] 这两种效应相结合，使企业对消费者的了解更加全面立体。也就是说，互联网企业掌握的数据越多，通过范围效应和规模效应，越能够全方位了解、满足用户的需求，并以此提供服务和产品，其他企

---

① GSMA，*The Data Value Chain*：*Executive Summary*，https：//opendatawatch.com/ publications/the-data-value-chain-moving-from-production-to-impact.

业与之进行竞争的难度也就越大。

第二，网络效应巩固市场力量。在网络效应的加持下，网络的单个用户会随着用户数量的增加而增加，并因此形成正反馈循环，也就是说，获得的数据越多，越有人愿意使用，越能获得市场力量。同时，获得的数据越多，复制和竞争的可能性越小，进入该市场的壁垒越高，消费者被锁定在该企业的产品或产品系统中，转移成本加大，从而巩固互联网企业的市场力量。[①]

第三，算法、相关性、多归属性、非排他性弱化市场力量。即便掌握了大量数据，由于上述因素的限制，互联网企业在获取市场竞争优势的时候会受到阻碍。大数据具有多归属性和非排他性，意味着数据不仅是一家所有，其他用户也可以获取数据，互联网企业不容易形成独占的市场力量；大数据需要相关性，并不是所有的数据都有用，而是与消费者相关的数据才有用。大数据的运用与算法密切相关，将特定数据应用于某商业模式时，需要特定算法来分析、提取数据中的使用价值。形成市场力量的大数据的特征是如何发挥作用的，可用下图表示（见图4）。

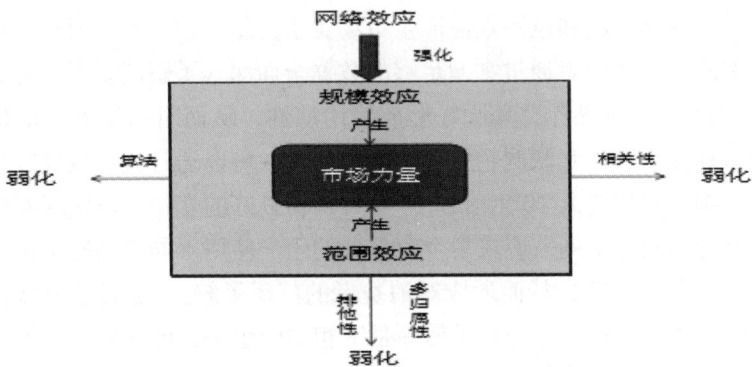

图4 大数据特征形成市场力量作用机制图

上述产生影响市场力量的不同特性更多地体现产品的特征和经济学上的

---

① Hedvig Schmidt, *Taming the Shrew: There's No Need for a New Market Power Definition for the Digital Economy*, Faculty of Law, Stockholm University Research Paper No. 17, https://ssrn.com/abstract=3048266, 2017.

规律，并不是反垄断法中可识别的符号。因此，需要将其转化为市场竞争中可识别的概念（概念有内涵外延）。结合相关文献和执法实践，具体而言，一是通过市场份额体现规模效应和范围效应。规模效应和范围效应最终体现的是数据的多少，也就是互联网企业占据数据市场份额的多少。以往的市场份额主要是销售额，但是由于互联网企业和大数据零价格等特征，这里的市场份额主要表现为用户活跃数量，用户活跃量多，企业获取的数据也就越多。[①]二是通过数据的稀缺性体现数据的非排他性。数据具有非排他性、容易获取的特点，但是并非所有的数据都容易获取。难以获取的数据，因为稀缺性，往往给互联网企业带来市场控制力，形成市场优势。可以通过数据的可携带程度、其他经营者获取数据的难易程度和对数据的依赖程度判断数据的稀缺性。[②]三是用"中间人"力量体现网络效应。在大数据市场，经营者收集的原始数据往往具有多用途性，经营者在关联市场的市场力量可传导至邻近市场。这种网络效应可以用"中间人"力量来体现。在谷歌比较购物案中，欧盟委员会认定，谷歌公司利用其在通用搜索市场的支配地位传导至比较购物市场，进而排除限制比较购物服务市场的竞争。四是用竞争性商业模式体现多归属性。是否存在与特定企业拥有不同商业模式但相互之间却存在竞争关系的企业？数字市场中拥有很强市场力量的企业容易遭受来自创新产品和新的商业模式的强大冲击。提供类似服务，有时是基于不同的数据来源，例如交通信息的数据来源可能是智能手机也可能是传感器。为确定特定数据来源对于某商业模式的关键性，需要考虑是否存在其他数据可被视为替代品。[③]五是用技术能力体现算法。即互联网企业通过技术分析，将拥有的大数据转化为市场力量的能力。因此，这个考量因素主要考察企业对数据的分析处理能力。

---

① 在大数据经营者市场支配地位的认定中，与其说是市场份额标准作用的弱化，不如说是价格中心主义分析范式（销售额指标）的日渐式微，该标准中的销售数量指标依然具有较强的适用性。

② 殷继国：《大数据经营者滥用市场支配地位的法律规制》，载《法商研究》2020年第 4 期。

③ The Netherlands Ministry of Economic Affairs, *Big data and competition*, https://www.eerstekamer.nl/overig/20170710/big_data_and_competition/document, 2017.

三、数字经济时代市场支配地位认定的力量程度标准

市场力量不仅仅需要定性，也要定量。市场上会存在下列现象，一家公司的定价可能会长期远高于竞争水平，而另一家公司的定价可能只会在短时间内略高于竞争水平。一家公司占据市场份额 40%，一家公司占据市场份额 70%。他们需要什么样程度才构成支配地位？[①] 这本身包括两个问题。一是多长时间才构成市场支配地位，二是多大程度才构成市场支配地位。

（一）时间维度标准

数字经济市场是一个市场竞争更加激烈的地方，一家公司很可能持有"制胜产品"或行业标准，其他公司将尝试用新的和创新的产品进行跨越，从而成为市场领导者。经济学家普遍认为，动态市场不应受到干扰，而应自行解决，尽管数字经济中的许多关键参与者都是非常大且盈利的公司，但它们之间的激烈竞争也因为数字市场竞争的动态性或周期性使持久的主导地位变得难以实现。在这种情况下，确实没有必要进行市场干预。[②]

（二）市场力量程度标准

有学者表示："市场力量不是一个绝对的术语，而是一个程度的问题，市场力量的程度将取决于每个案例的情况。"[③] 也就是说，由于大数据具有与传统经济明显不同的特征，因此，对这种能产生限制竞争、排除竞争的市场力量的认定，不能脱离数字经济所具有的平台、算法、数据等多元融合产生的市场力量，而是必须基于这些新的特征的基础上对传统意义上的市场支配力内涵进行重构，这意味着需要一个更加灵活的市场力量评估方式。事实上，认定市场支配地位的目的在于多大程度的市场控制力能够为市场公平竞争秩序、损害消费者权益划定标准。因此，在有证据证明互联网企业具有强大市场控制力时，并不拘泥于市场支配地位，而且市场支配地位这个词本身具有灵活性，不同国家和地区在市场份额上对市场支配地位的要求有所不同。基于此，根据在不同情形下互联网企业所能到达的市场控制程度，可以构建

[①] Damien Geradin, Nicolas Petit, Mike Walker, Paul Hofer, Frédéric Louis, *The Concept of Dominance in EC Competition Law*，https：//ssrn.com/abstract=770144，2005.

[②] Hedvig Schmidt, *Taming the Shrew：There's No Need for a New Market Power Definition for the Digital Economy*，Faculty of Law, Stockholm University Research Paper No. 17，https：//ssrn.com/abstract=3048266，2017.

[③] Padilla A J, *The law and economics of Article 102 TFEU*，Hart, 2013.

必要设施、相对优势和支配地位三种市场力量程度模式。

第一，数据没有进入市场销售，符合市场必要设施条件的，认定构成市场支配地位。由于在现实中，拥有大数据的互联网企业很多时候将数据用来提高自身产品和服务的质量，很少进入市场交易，因此，大数据的形态还是生产要素。在没有替代品在市场上交易时，只能评估其潜在竞争影响。当互联网企业拥有的数据只有极少数几家企业拥有，并且对于提升社会效益、促进社会创新等方面十分重要，该企业又不愿意出售时，拥有大数据的互联网企业在市场上就处于控制地位。但是，以传统的标准评估市场力量几乎不可能——大数据只是一种生产要素，并没有进入市场。这种做法开始产生于美国 1912 年的 U.S. v. Terminal Railroad Association of St. Louis 案，后有人将其归纳为反垄断法上的必要设施原则（Essential Facility Doctrine），并逐步被欧盟等国家所借鉴。[①]

在该原则下，其强调当有些东西为市场竞争所必须，且没有合理替代品时，拥有者必须在一定条件满足的情况下，允许他人合理使用，避免造成对他人的竞争封锁。[②] 互联网企业特别是平台型互联网企业经过激烈的竞争，一个特定市场上往往只有少数几家企业，这几家企业掌握了几乎整个行业的相关数据，若其不对外开放该数据，其他企业要与其竞争，将面临更高的市场壁垒，这些互联网企业也更容易维持其垄断地位。因此，数据成为市场竞争中关键的资源和基础设施。[③] 在 HiQ 诉领英案（2017）中，作为原告的 HiQ 就认为领英公司禁止其通过爬虫技术获取相关用户数据的行为，违反了反垄断法中的必要设施原则，因为领英公司所掌握的用户个人信息正是 HiQ 主要业务——职业数据分析的核心资源。[④] 另外，收集、存储数据亦需要成本，若轻易以必要设施原则来要求互联网企业开放大数据，容易打击互联网企业收集、存储大数据的积极性。因此，需要在激励经营者收集、采用大数据与

---

① 孙晋、钟原：《大数据时代下数据构成必要设施的反垄断法分析》，载《电子知识产权》2018 年第 5 期。

② 贾晓燕、封延会：《网络平台行为的垄断性研究——基于大数据的使用展开》，载《科技与法律》2018 年第 4 期。

③ 贾晓燕、封延会：《网络平台行为的垄断性研究——基于大数据的使用展开》，载《科技与法律》2018 年第 4 期。

④ 孙晋、钟原：《大数据时代下数据构成必要设施的反垄断法分析》，载《电子知识产权》2018 年第 5 期。

大数据市场共有之间进行权衡，即限制必要基础设施的使用。欧洲法院为此曾经作探索，认为要使用基础设施原则，需要满足四个条件：数据对下游产品必不可少、上游和下游产品之间没有任何有效的竞争、拒绝或阻止新产品的出现、该拒绝没有客观理由。[①]

第二，互联网企业形成平台的，可以基于相对优势，认定构成市场支配地位。在有些情况下，企业特别是平台型互联网企业，在市场份额方面并不处于优势地位，但在与交易方进行交易时却表现出一定的市场优势，可称之为"相对市场优势"。[②]为什么会有相对市场优势？有两个原因，其一，互联网企业平台化，特别是数字化使行业的壁垒降低，导致不同产品和服务之间的组织和边界变得模糊，市场份额不再成为衡量企业市场势力的可靠指标。特定行业的高市场份额在数字生态面前难言优势。其二，互联网企业平台与平台内经营者并不是一种平等的关系，平台利用其掌握的数据对平台经营者施行不合理的限制、附加不合理的交易条件和收取不合理的费用。购物平台之所以能够对其平台内的商家进行控制，关键丁掌握了用户购物数据，可以为平台内的经营者提供流量、广告等。在工业经济时代，交易双方因地位上的不对等，产生一方可能利用自身的优势地位使另一方蒙受损失的可能性；在数字经济时代，这种地位上的不对等体现得更为明显。此时，再单纯强调市场份额下的支配地位标准，显然是对平台所具有的市场控制力和影响力的忽视，有必要对市场支配地位进行一次宽松解释，企业可以在不拥有垄断地位的情况下占据优势，即相对优势也可认定具有市场控制力。最典型的案例是谷歌购物案，欧盟委员会认为，谷歌面临市场内部和外部的竞争限制，但它仍然能对市场施加可观影响以及掌控市场动向，因此，即使消费者的搜索是免费的，欧盟委员会仍然认定谷歌在搜索引擎市场上占据了优势地位。[③]值得注意的是，相对优势由于要件相比支配地位标准下降了很多，容易导致执法过度，因此，有人提出了适用限制条件，主要有四个方面。一是不（尚

---

① 贾晓燕、封延会：《网络平台行为的垄断性研究——基于大数据的使用展开》，载《科技与法律》2018年第4期。

② 《电子商务法》第35条可以说是在反垄断法之外，用专门法律确定了对滥用相对优势行为的规制。

③ 龙睿译：《德2018年〈滥用市场支配地位反垄断监管规则的现代化〉调研报告摘要》，http://www.yidianzixun.com/article/0K0n6vGX?from=timeline。

未）具有市场支配力的企业的单边行为，可能在具有强积极网络效应的市场中产生垄断地位（即发生市场倾斜，"Tip-ping"）；二是在具有市场封闭效应的紧密寡头市场中非协调性的平行行为；三是"混合力量"是市场支配地位之下的一种可能的独立的市场力量形式；四是中间人力量。①

第三，市场份额较高，且市场壁垒较强的，认定构成市场支配地位。评估市场支配地位的最终目的是认定市场控制力，在市场份额依然能够认定市场控制力的情形下，市场份额推定标准依然具有较强的适用性。本书已经分析过，大数据本身具有一定的排他性，较高质量的数据不是人人都可以复制，甚至有些数据仅有少数几家企业掌握，同时叠加互联网企业的锁定效应、网络效应等特征，大数据市场亦存在较高的壁垒。当拥有大数据的企业能够长时间保留较高的市场份额，而其他企业的市场份额亦长时间没有增加时，可以判断其具有市场支配地位。换言之，在大数据市场运用市场份额标准必须有两个前提，一是经营者的市场份额具有较强的稳定性；二是主要竞争者市场份额较小。互联网企业的竞争很大程度上是流量之争，即拥有的用户数量之争，因此，市场份额就不能再等同于传统的销售额，而是可以增加考量产品的销售额和获取额与市场总额的占比、网站访问量、使用频率、活跃用户数等要素。②在"德国脸书案"中，德国联邦卡特尔局认为，用户在社交网络上花费的时间是衡量社交网络成功的关键因素，因而，应当采用每日活跃用户数量而非注册用户数量或每月活动用户数量来计算市场份额。

---

① 龙睿译：《德 2018 年〈滥用市场支配地位反垄断监管规则的现代化〉调研报告摘要》，http：//www.yidianzixun.com/article/0K0n6vGX?from=timeline。
② 李荣、陈祉璇：《大数据反垄断的挑战与规制优化》，载《石河子大学学报（哲学社会科学版）》2019 年第 5 期。

第六章 互联网企业滥用行为认定规则的重构

要对滥用行为进行认定，必须有两个步骤，一是查清事实，即滥用行为的事实认定，二是在事实认定的基础上适用反垄断法律，即法律认定。然而，在数字经济时代，由于互联网企业特性以及大数据本身不同于传统产品的特点，特别是互联网企业的经营模式与传统企业有很大区别，更多时候是互联网企业利用数据驱动开展竞争。因此，传统的事实认定方法不一定能够识别滥用事实行为。而法律的滞后性又导致很多新类型的严重损害市场竞争、损害消费者权益的滥用大数据行为并不为传统的反垄断框架所容纳。因此，要对数字经济时代的滥用行为进行识别认定，需要根据大数据的特点，在立法上重构大数据的规制框架，在事实认定上重构滥用行为的分析方法。

第一节 传统经济时代对滥用市场支配地位行为的认定

一、传统经济时代下滥用市场支配地位行为的立法认定类型

在工业经济时代，各个国家和地区从立法上对滥用市场支配地位的具体行为类型分别作了规定。日本《禁止私人垄断及确保公平交易法》第2条规定了歧视待遇、不公平的交易价格、强制交易、限制交易、附加不合理条件的交易等滥用市场支配地位的行为类型。[1]《欧盟运行条约》第102条规定了四种滥用市场支配地位行为，即直接或者间接施加不公平的买卖价格或者其他不公平的交易条件；限制生产、市场或技术发展，损害消费者利益；就同等的

---

[1] 张坤：《互联网行业反垄断研究》，湖南大学2016年硕士学位论文。

交易，对其他交易方适用不同的交易条件，从而使其在竞争中处于劣势；在签订合同的时候，要求其他交易方必须接受其性质或商业惯例与合同标的无关的附加义务。[①]我国《反垄断法》在吸取世界各国反垄断立法经验的基础上，以列举的形式规定了七种滥用市场支配地位的行为，即不公平价格、拒绝交易、限定交易、搭售商品、附加不合理条件，差别待遇以及其他滥用行为。[②]

上述滥用市场支配地位行为从其产生的竞争损害效果来分类，又可以分为两种类型。第一种是排他性滥用行为，是指拥有市场主导力量的企业排挤竞争对手，或者为了将市场力量不合理地扩大到相邻市场而采取的限制竞争的行为。前面提到的低价销售、歧视待遇、限制交易、强制交易、搭售或附加不合理条件、独家交易等都属于排他性滥用行为。第二种是剥削性滥用行为，主要指经营者不受竞争制约，利用其支配地位，向交易相对人施加不公平交易条件或交易价格的行为，它是通过直接伤害最终消费者而不是排斥竞争者来扭曲竞争的单方面行为。这种剥削性滥用，传统观点认为主要体现为三种类型，即过度定价，占据市场优势的企业销售的产品参照正常的生产成本定价过高；歧视性定价，占据市场优势的企业以不同的价格向客户销售同一产品；不公平条款，占据市场优势企业对客户强加不合理合同条款。[③]值得指出的是，剥削性滥用行为和排他性滥用行为有时候会交叉，一种行为同时具有剥削性和排他性，如差别待遇（价格歧视）行为，既产生了不公平竞争，又直接侵害了消费者的利益。

---

① Treaty on the Functioning on the European Union, https://eur-lex.europa. eu/resource.html?uri=cellar: 2bf140bf-a3f8-4ab2-b506-fd71826e6da6.0023.02/ DOC_2&format=PDF.

② 我国《反垄断法》第 22 条第 1 款明确对滥用行为规定：以不公平的高价销售商品或者以不公平的低价购买商品；没有正当理由，以低于成本的价格销售商品；没有正当理由，拒绝与交易相对人进行交易；没有正当理由，限定交易相对人只能与其进行交易或者只能与其指定的经营者进行交易；没有正当理由搭售商品，或者在交易时附加其他不合理的交易条件；没有正当理由，对条件相同的交易相对人在交易价格等交易条件上实行差别待遇；国务院反垄断执法机构认定的其他滥用市场支配地位的行为。

③ Marco Botta & Klaus Wiedemann, *To Discriminate or Not to Discriminate? Personalised Pricing in Online Markets as Exploitative Abuse of Dominance*, European Journal of Law and Economics, https://ssrn.com/abstract=3503337, 2019.

剥削性滥用主要体现在"垄断高价"（过高定价），[①]而这种"垄断高价"往往又与市场经营者正常的定价难以区分，同时，剥削性滥用执法有着较为严格的程序，比如对于价格差异需要证明属于歧视并对客户产生负面影响，这种证明难度较大，[②]美国最高法院在 Trinko 案中就指出："仅仅拥有垄断权力，以及随之而来的收取垄断价格的机会，不仅不违法，而且是自由市场体系的重要组成部分。对垄断价格收费的机会——至少在短期内——首先吸引了商业头脑。"[③]这也导致了对剥削性滥用的执法受到很大限制。目前，执法者将主要精力聚焦于企业对竞争对手采取不利的排他性滥用行为规制上。

从我国反垄断法规则的设计以及司法实践来看，亦并未明确规定剥削性滥用。如我国《反垄断法》第 7 条规定，具有市场支配地位经营者，不得滥用市场支配地位排除、限制竞争。我国国家市场监督管理总局 2019 年公布的《禁止滥用市场支配地位行为暂行规定》第 21 条明确规定："市场监管总局认定其他滥用市场支配地位行为，应当同时符合下列条件：经营者具有市场支配地位；经营者实施了排除、限制竞争行为；经营者实施相关行为不具有正当理由；经营者相关行为对市场竞争具有排除、限制影响。"从上述对滥用市场支配地位行为认定的条款中可以看出，我国反垄断法规制目标主要是针对排除、限制竞争的排他性滥用行为，而非针对剥削消费者权益的剥削性滥用行为。

二、传统经济时代下滥用市场支配地位行为的认定方法（分析模式）

反垄断法以具有竞争损害的市场行为作为规制对象。因此，作为规制前提，必须首先查明拟规制行为损害了竞争。执法者在处理任何一个涉嫌垄断

---

① 詹馥静：《大数据领域滥用市场支配地位的反垄断规制——基于路径检视的逻辑展开》，载《上海财经大学学报（哲学社会科学版）》2020 年第 4 期。

② Marco Botta & Klaus Wiedemann，*To Discriminate or Not to Discriminate*? *Personalised Pricing in Online Markets as Exploitative Abuse of Dominance*，European Journal of Law and Economics，Available at SSRN：https://ssrn.com/abstract=3503337，2019.

③ Verizon Communications Inc. v. Law Offices of Curtis V. Trinko, LLP（02-682）540 U.S. 398（2004）.

行为时，都必须首先确定以什么方式判断它的竞争损害，从而确认它是否构成垄断行为。[①] 这种执法机关将现实案件适用于法律，并判断有无竞争损害的实践过程涉及分析模式的配置问题。不同的分析模式意味着实体制度标准厘定、举证责任分配和案件的类型化处理等诸多方面的选择差异，可以说，分析模式的选择直接影响到反垄断法实施的宽严程度，也是反垄断法适用的前置性环节，是其最核心的环节。[②]

传统反垄断理论和实践中，滥用市场支配地位行为认定的分析模式主要有两种，一种是形式主义分析模式（form-based approach），另一种是效果主义分析模式（effects-based approach）。在美国，这两种分析模式称之为本身违法原则（per se rule）、合理原则（rule of reason）。两者只是不同法域的不同叫法，内涵相差无几。[③] 形式主义分析模式和效果主义分析模式最大的区别是在认定构成滥用市场支配地位时，对原告（含反垄断执法机关，以下表达皆同）在竞争损害方面的举证要求不同。在该分析模式下，对滥用行为具有竞争损害采用不可反驳的推定，只要该滥用行为符合法律规定的类型即推定其有竞争损害，原告不需要确定是否存在竞争损害。如《南非竞争法》第（2）5条规定，"最低转售价格维持行为受到禁止"；1986年《新西兰商业法》第37（1）条规定，"任何人均不得从事转售价格行为"。[④] 形式主义分析模式深受哈佛结构主义理论的影响，认定一旦占据市场支配地位，就会滥用市场力量，扼杀创新、妨碍竞争，因此侧重于保护市场结构和竞争过程，避免产生太大企业。可以说，形式主义分析模式对滥用行为的认定有较大的确定性和预测性，执法程序也相对简单，但也存在执法过度的危险，有些滥用行为从竞争过程上看似违法，但是在最后结果上有利于市场竞争。

效果主义分析模式是在综合考察案件全部事实的基础上，审查行为是否有明确的竞争损害，以及充分考量形式违法背后是否存在一定的合理性和必要性。效果主义分析模式深受行为主义理论的影响，认为市场支配地位不一定构成滥用，只有存在确定的损害后果才能被法律所禁止，因此它不存在

---

① 兰磊：《论垄断行为分析模式的配置逻辑》，载《经贸法律评论》2021年第2期。
② 叶卫平：《反垄断法分析模式的中国选择》，载《中国社会科学》2017年第3期。
③ 本书采用欧洲的名称，将分析模式称之为形式主义分析模式和效果主义分析模式。
④ 兰磊：《论垄断行为分析模式的配置逻辑》，载《经贸法律评论》2021年第2期。

推定，需要原告证明反竞争效果、被告证明促进竞争效果，并由司法或者执法机关将二者加以分析平衡，确定有结果上的竞争损害，才能认定存在滥用行为。正如王先林教授所指出的，对"滥用"的判定实际上是运用"合理原则"对具体案件进行权衡、分析的结果。[①] 效果主义分析模式过度强调对竞争损害结果的认定，也存在执法过松的危险。事实上，形式主义分析模式注重法律对滥用类型（行为样态）的规定指引，而效果主义分析模式注重损害效果分析。故此，有人认为效果主义分析模式存在缺陷，即"无疑将极大弱化行为样态在违法性判断中的意义——一方面，符合法定行为样态的行为不能直接被认定为违法；另一方面，如果特定行为虽然不符合法定的行为样态，但具有排除限制竞争效果，也可以被认定为违法"。[②]

总体而言，在认定滥用市场支配地位行为时，欧盟倾向于形式主义分析模式，美国倾向于效果主义分析模式，但是这也并不意味着欧盟不采用效果主义分析模式，美国不采用形式主义分析模式。实践中，美国并没有完全放弃本身违法原则的适用。在丽晶（Leegin）案中，美国最高法院法官多数意见认为："本身违法原则在限制行为显著反竞争的时候应该得以适用。"在近十几年来欧盟竞争法现代化的过程中，基于形式的分析有向基于效果的分析转向的趋势。[③]

我国当前滥用市场支配地位行为认定选择的分析模式采用了效果主义分析模式。2012 年公布施行的最高人民法院《关于审理因垄断行为引发的民事纠纷案件应用法律若干问题的规定》第 8 条规定："被诉垄断行为属于反垄断法第十七条第一款规定的滥用市场支配地位的，原告应当对被告在相关市场内具有支配地位和其滥用市场支配地位承担举证责任。被告以其行为具有正当性为由进行抗辩的，应当承担举证责任。"该司法解释明确将滥用市场支配地位认定过程中违法性（竞争损害）的举证责任交给了原告，正当理由抗辩的举证责任交给了被告，符合效果主义分析模式的构造。根据叶卫平教授对我国发改委以及省级以上工商行政管理部门在 2013 年至 2016 年所执法的滥用市场支配地位案件适用的分析模式类型统计来看，涉及的 14 件滥用市场

---

① 王先林：《知识产权与反垄断法》，法律出版社 2008 年版，第 218 页。

② 吴韬、郑东元：《经济分析如何融入法律过程：欧盟竞争法改革的得失及启示》，载《财经法学》2021 年第 1 期。

③ 叶卫平：《反垄断法分析模式的中国选择》，载《中国社会科学》2017 年第 3 期。

支配地位案件全都采用了效果主义分析模式。[①]

形式主义分析模式和效果主义分析模式都存在弊端。近年来，司法实践在结合两种分析模式优点的基础上，发展出一种新的分析模式——结构型效果主义分析模式。根据这种模式对竞争损害进行违法性推定，一旦经营者的行为符合法律规定的类型，即推定存在竞争损害，事实上免除了原告对竞争损害的举证责任，但是允许被告提出正当理由对竞争损害进行辩驳。这种分析模式的本质是由立法在总结经验的基础上对极有可能造成竞争损害的滥用行为类型的归纳总结，对属于基础事实与推定事实之间存在的高度盖然性而产生证明责任的简化。

三种不同的分析模式最大的区别在于认定滥用市场支配地位时，不同主体对相关行为和竞争损害的举证责任要求不同。特别是对启动反垄断执法程序的原告来说，不同的分析模式对其举证责任要求不同。形式主义分析模式仅要求原告对滥用行为符合法律规定类型进行举证；结构型效果主义分析模式下原告需要就存在市场势力、存在滥用行为进行举证；效果主义分析模式下原告不仅仅需要就存在市场势力、存在滥用行为进行举证，还需要就存在竞争损害后果进行举证。原告对举证责任要求的不同，意味着对大数据市场竞争执法的力度和企业经营自由干预的不同。形式主义分析模式、结构型效果主义分析模式和效果主义分析模式，由重到轻体现了国家对市场的不同干预程度。

第二节　数字经济时代大数据领域滥用
典型行为梳理及认定难题

大数据具有多归属性、网络效应、非排他性和可复制性，并因此产生新的商业模式，不同于产生反垄断法的工业经济时代的市场竞争特征，导致大数据在发展运用过程中面临一个直接而急迫的问题，即传统的滥用市场支配地位行为的立法框架和认定分析模式多大程度上适用于数字经济，会面临什么样的难题。任何理论都来源于实践经验的总结，抽象的立法规定也晚于实践中出现的各种生动案例。特别是大数据的运用还处于高速发展过程中，人

[①]　叶卫平：《反垄断法分析模式的中国选择》，载《中国社会科学》2017年第3期。

类对其在市场竞争中的作用缺乏系统、全面、深刻的认识。因此，要制定相关法律和分析方法，必须在基于掌握一定案例的基础上对数字经济时代，大数据市场竞争的性质、特点和作用有清晰的认识。

本章试图在收集近年来产生的典型性涉及滥用大数据行为案例基础上（有部分案例按照现有反垄断法标准不构成反垄断法意义上的滥用，但本文将分析为什么这些行为构成了反垄断法意义上的滥用），对其进行分析、梳理、总结，找到其与传统立法、执法在滥用行为认定框架上的矛盾冲突，即大数据领域滥用行为认定的各种问题，并归纳滥用行为背后的本质特征，以此构建适应大数据领域滥用行为认定的立法框架和分析方法。①

一、大数据领域互联网企业的典型性滥用行为

（一）不当采集数据

是指互联网企业在消费者使用其服务或者产品过程中，过度地收集消费者隐私或安全等方面的相关数据。在实践中，互联网企业通过设置一些模糊的、晦涩难懂的法律条款要求用户允许其收集用户的相关数据。由于这些互联网企业在市场上占据主导地位，用户几乎没有条件选择其他产品。同时，在使用互联网产品或者服务过程中，用户并不了解自己的哪些数据被互联网企业收集，这些数据如何使用。因此，用户往往只能被迫或者不知情的情况下接受这种条款。这种采集数据的不当性，一般认为是经营者对消费者数据的采集和处理超出了正常合理限度；或者说，这些企业采集数据后，并不一定采取特殊措施加以保护，一定程度上降低了消费者的隐私保护水平。②

不当采集数据最主要的案例是德国联邦卡特尔局（FCO）查处的

---

① 社会总在不断发展，大数据运用以及产生的滥用纠纷也还在不断出现，因此，本书对大数据领域滥用行为特征的归纳并不一定全面，仅具有暂时性和阶段性。特别是大数据的运用飞速发展，本书无力对所有滥用行为的类型和分析模式做出全面、深刻的判断，还需要社会各界不断研究探索。但是本书就现阶段新出现的、比较常见的大数据领域的滥用行为特征进行了概括，为将来他人的研究探索做出铺垫。

② 詹馥静：《大数据领域滥用市场支配地位的反垄断规制——基于路径检视的逻辑展开》，载《上海财经大学学报（哲学社会科学版）》2020年第4期。

"Facebook 滥用市场支配地位案"。[①] 脸书公司（Facebook）规定，用户要使用其产品（包含其旗下 WhatsApp 和 Instagram 产品）则必须同意脸书公司收集个人数据信息，由于脸书公司在市场上所占据的支配地位，用户别无选择，只能接受脸书公司的规定，丧失对自己数据的控制权。德国联邦卡特尔局于 2016 年 3 月开始了对脸书公司的调查，于 2019 年 2 月作出决定，认为脸书公司在其产品在占据主导地位后通过用户协议对用户施加条件，允许脸书从 Instagram 或 WhatsApp 等网络 App 收集用户数据，违反了《联邦数据保护法》（GWB）和《通用数据保护条例》规定，损害了消费者利益，属于利用其主导地位实施的剥削性滥用。因此，德国联邦卡特尔局禁止脸书在未经消费者自愿同意的情况下合并来自不同来源的用户数据。后经上诉，德国最高法院于 2020 年 6 月作出判决，依然认定该行为属于剥削性滥用，并强调缺乏披露较少的个人数据选项就是滥用行为。

（二）拒绝分享数据

又可以称为禁止数据获取或者转移。数据可以在不同主体之间传输，既不会消耗，又没有成本，因此能轻易地在不同经营者之间转移。然而实践中，由于数据作为要素或者产品对于经营者的发展十分重要，拥有数据的企业限制他人使用自己的数据是一种常态。限制的手段既有法律上的，如在平台上做出限制使用声明（否则承担后果）；也有技术上的，比如关闭数据接口，或者设置为其他企业不能兼容的数据格式。关闭数据接口是最主要的限制手段。近年来，世界各国已经发生了多起影响较大的限制数据使用的案例。根据大数据收集、存储、使用的三个阶段，这些案例中限制数据使用的情况可分为三种类型。

第一种是在数据收集阶段，与数据生产者（如消费者）签订排他性条款

---

① 脸书（Facebook）是一款社交网络产品，用户可以通过注册自己的姓名、年龄、学历、爱好以及图片等形式建立自己的专属网页。不同的个人专属网页之间可以相互访问。脸书母公司还提供 Instagram 产品，用户可以用 Instagram 来拍照和录视频，并将这些照片和短视频放到网上进行分享。WhatsApp 也是脸书母公司的产品。用户可以用 WhatsApp 发送和接收文本、文件、照片、语音、视频等信息。在注册脸书产品时，用户必须同意脸书产品提供的用户协议条款才能注册使用。用户协议条款中一项关键的内容是，脸书产品可以收集、使用用户在 Instagram、WhatsApp 中产生的各种数据。另外，脸书母公司也会通过脸书产品的点赞和分享等按钮在线跟踪非脸书用户。后有用户对脸书公司收集 Instagram、WhatsApp 用户数据的行为投诉侵犯隐私，德国联邦卡特尔局为此进行了调查。

阻止其他经营者获取数据，或者通过烦琐的技术手段让数据生产者难以轻易将数据转移到其他经营者平台上。如消费者下载腾讯公司产品后，腾讯公司会要求消费者签订使用协议。

第二种是在数据存储阶段，限制他人获取非结构化的、属于生产要素的数据。如近几年发生的华为与腾讯数据纠纷[①]、菜鸟与顺丰数据纠纷[②]、Peoplebrows 诉 Twitter 案[③]、hiQ 诉领英案[④]、新浪微博诉脉脉案,[⑤] 等。在这些纠纷中，当一方向另外一方收集其生产经营中获得的，未经过分析处理的数据时，另外一方通过技术手段或者通过投诉、诉讼行为加以阻止。

---

① 2017 年，为了进一步提升人工智能化水平，华为推出能够收集微信、支付宝等多个应用中用户活动信息的荣耀 Magic 智能手机。为此，腾讯向工信部投诉华为搜集数据的行为侵犯用户隐私，华为则宣称数据属于用户，收集行为经过用户允许。后工信部对该纠纷进行了调解。

② 菜鸟网络是阿里巴巴牵头成立的，汇集顺丰、"三通一达"、宅急送、汇通等物流信息的物流公司。2017 年上半年，顺丰以菜鸟网络要求其提供丰巢快递柜获得的客户信息行为属于侵犯客户隐私为由关闭了对菜鸟的物流数据接口，菜鸟网络为此将顺丰剔除了淘宝的物流平台，造成部分商家和消费者的信息混乱。后经调解，双方恢复了业务合作和数据传输。

③ Twitter 是一家提供博客的互联网企业，用户在使用它的过程中创造了许多数据信息。长期以来，Peoplebrowsr 通过从 Twitter 生成数据中提取有价值的信息，为其他企业精准营销提供依据。后 Twitter 突然切断 PeopleBrowsr 访问权限，仅向 Twitter 的关联企业授予访问权限，为此，2012 年 11 月 27 日，PeopleBrowsr 向美国加利福尼亚北区联邦法院提起诉讼，要求 Twitter 重新开放数据访问权限。

④ 领英是微软旗下的一家社交网络平台，用户可以在领英网站上建立以教育经历、职业经历和工作技能为信息的个人档案。用户可以把个人档案在网上公开展示，亦可以半公开，或者完全设密。其他人可以通过搜索工具搜索到公开或者半公开的上述档案中的个人数据信息。hiQ 是一家服务为人力资源的数据分析公司，主要商业模式是通过网络爬虫抓取领英用户的个人信息进行收集和分析，并将分析到的用户的离职风险、工作技能等信息出售给拟雇佣该用户的雇主。2017 年，领英以侵犯用户隐私为由发函要求 hiQ 停止抓取领英数据，并采取了技术措施屏蔽了 hiQ 的抓取数据行为。为此，hiQ 向加州北区联邦地区法院起诉，认为领英在职业社交市场具有领先地位，其他公司要获取职场领域的数据进行分析绕不开领英。基于此，领英利用其职业领域的垄断地位，阻断 hiQ 获取基础信息，封锁竞争者进入人员数据分析市场，属于滥用市场支配地位，获取不正当竞争优势。

⑤ 新浪微博认为脉脉通过数据爬虫抓取技术获取了其用户信息，向法院提起诉讼。后法院认为该行为违反了诚实信用原则及公认的商业道德，构成不正当竞争行为。

第三种是在数据使用阶段拒绝他人使用数据产品。最典型的是淘宝公司诉美景公司案。[①]"生意参谋"是淘宝公司对淘宝电商平台上海量原始数据经过深度处理、分析、加工形成的数据产品，为商家的店铺运营提供参考。美景公司运营"咕咕生意参谋众筹"网站，以提供远程登录服务的方式招揽、组织、帮助他人获取"生意参谋"数据产品中的数据内容，并从中获取利益。淘宝公司为此将美景公司起诉至法院，后法院认为，美景公司未付出劳动创造，将涉案数据产品直接作为获取商业利益的工具，构成不正当竞争，判令美景公司停止侵权并赔偿经济损失。

（三）利用数据算法自我优待

指互联网平台企业利用数据算法给予己方产品优势地位。在这种情形下，互联网企业既是同行竞争企业的基础设施，又是市场竞争者。这种滥用行为最有名的是谷歌比较购物案。谷歌是全球最大的互联网搜索公司，有两套搜索系统，即通用搜索和专门搜索。通用搜索是针对任何信息进行的搜索，专门搜索是针对特定类型的信息进行的搜索，比如购物，地图、拍卖、图片等。谷歌购物（Google Shopping）是谷歌的专门搜索服务之一，它的前身为谷歌产品搜索和 Froogle，并在 2012 年底由之前的免费商业模式改为收费商业模式，即采取竞价排名的方式，产品的搜索结果取决于销售商在谷歌比较购物上投放广告金额的大小。投放广告费用多，在消费者用谷歌搜索相关产品时，排名就靠前。后经欧盟委员会调查发现，搜索结果位置和消费者行为之间有着密切的联系，第一页的前十个搜索结果能够获得近 95% 的点击率，第二页的第一个搜索结果只有 1%，将第一位搜索结果挪到第三位会导致点击率下降 50%。[②]换言之，企业在谷歌比较购物投放的广告费越高，在谷歌搜索上的排名越高，谷歌搜索通过数据算法给予谷歌比较购物十分便利的竞争优势，其他购物网站在谷歌搜索上总是处于谷歌比较购物搜索网页的后面位置。

（四）强制搭便车

指互联网企业利用其作为市场中介的作用，包括其对卖家和消费者数据的访问，试图阻止其与该平台相关的市场经营者竞争。这是互联网企业特别

---

① 参见浙江省杭州市中级人民法院（2018）浙 01 民终 7312 号判决书。

② 刘耀华、赵淑钰:《欧盟对谷歌滥用市场支配地位实施巨额罚款的分析及其启示》，载搜狐网，https://www.sohu.com/a/200146544_735021。

是平台型互联网企业特有的一种滥用大数据的形式。促进数字平台交易的主导公司可以利用买家和卖家的数据在平台上推出自己的产品进行销售。如果平台作为交易促进者和大量产品数据持有者的地位能够被用来阻止竞争对手，就可能出现滥用。换言之，互联网企业既是零售商，也是交易平台，并且充分利用平台获取的数据算法来提升销售或服务的质量和数量，以获取市场竞争优势。[1] 该行为一个重要的案例是亚马逊通过使用商户的销售数据，给予自身优惠。亚马逊作为一家零售商，同时也是其他零售商的销售平台，扮演着"既是零售商，也是交易平台"的双重角色。作为交易平台，亚马逊可以掌握平台上的销售数据，并对数据进行计算分析，从而决定推出何种新产品、如何定价，以及如何管理存货、选定最优供货商。通过利用这些数据及其算法，亚马逊得以专注于销售最畅销产品，让卖家边缘化并限制其发展能力。[2]2019 年，欧盟委员会针对亚马逊的这种行为启动了调查，调查聚焦两个方面：一是亚马逊和市场卖家之间的标准协议，允许亚马逊的零售业务分析和使用第三方卖家的数据。委员会将特别关注亚马逊作为零售商使用累积的市场卖家数据是否以及如何影响竞争。二是数据对"购买箱"中获胜者的选择产生的作用，以及亚马逊可能使用具有竞争力的敏感市场卖家信息对该选择的影响。[3]

（五）价格歧视

又叫差异化定价，在现实中最主要的表现是社会广为熟知的"大数据杀熟"。许多大型互联网企业已经掌握了海量的用户数据，通过对这些数据进行分析，准确勾画用户的购买力、爱好等情况，精准区分客户群体，也就更容易采取歧视定价方法将消费者剩余转为生产者剩余，最大化自身利润。典型做法是，通过综合考虑用户爱好、购物习惯、价格敏感度、经济条件等多种数据，评估出用户为某种产品的支付能力和支付意愿，从而"不同人不同

---

① Alexiadis, P & de Streel, Alexandre, *Designing an EU Intervention Standard for Digital Platforms*, Robert Schuman Centre for Advanced Studies Research Paper No. 2020/14, https://ssrn.com/abstract=3544694, 2020.

② 《欧盟指控亚马逊滥用"大数据"》，载新华社新媒体网站，https://baijiahao.baidu.com/s?id=1683060330384353566&wfr=spider&for=pc。

③ Antitrust: *Commission opens investigation into possible anti-competitive conduct of Amazon*, https://europa.eu/rapid/press-release_IP-19-4291_en.htm.

价"，以最大限度获取超额利润。

比如，经常使用某互联网企业 App 的 A 顾客在网上预订酒店，该网站页面显示价格是 800 元，但是不常使用该 App 的 B 顾客查询时，价格是 760 元。有人将大数据杀熟分为两类，初代杀熟和二代杀熟，初代杀熟主要是上面的典型案例，即对熟客显示高价，对生客显示低价。二代杀熟是指互联网企业通过人工智能、算法迭代以及平台对消费者信息全方位收集后，为用户进行全方位"画像"，并据此进行精准推送。[①]对于价格歧视的行为，亦有人认为属于正常的经营行为[②]，在传统企业经营过程中已经存在这种差异化定价。如电信运营商，基于数据信息分析结果，对新用户和老用户提供不同的套餐选项，针对那些对价格不敏感的用户提供更少、价格偏高的套餐选项，且在资费下调时不提供套餐价格变动更新提醒。[③]尽管有争议，但是不可否认的是，互联网企业的大数据杀熟行为不仅损害了消费者的知情权，还强化了消费者与企业之间的信息不对称态势，损害了价格竞争机制，本质上限制了竞争。

（六）滥用市场杠杆

互联网企业中不同产品的大数据之间相互融通，共同构成了一个数字生态系统，模糊了不同产品之间的相关市场界限。互联网企业能够把自己某一产品的市场力量从一个市场进入相邻的甚至可能是相当遥远的市场。同时，互联网企业在一个相关市场积累的用户数据具有多用途性质，可以在完全不同的市场上适用。[④]以阿里巴巴为例，在建立淘宝购物平台后，它以在淘宝

---

① 金旻矢：《数读大数据杀熟"反杀教程"，我太南了！》，载新民网报，https://baijiahao.baidu.com/s?id=1705422728431658160&wfr=spider&for=pc。

② 理论界对于大数据杀熟是否属于滥用行为仍存在争议。因为经济学认为价格歧视是一种正常的营销手段，并将其分为三类，即一级价格歧视、二级价格歧视和三级价格歧视。一级价格歧视对每一单位产品都有不同的价格。二级价格歧视是根据购买量的多少施行不同的价格，即薄利多销。三级价格歧视是根据不同的消费群体所具有的不同需求弹性和购买力，采取不同的价格。

③ 刘志成、李清彬：《把握当前数据垄断特征优化数据垄断监管》，载《中国发展观察》2019 年第 8 期。

④ Robertson & Viktoria H.S.E.，*Antitrust Law and Digital Markets：A Guide to the European Competition Law Experience in the Digital Economy*，https：//ssrn.com/abstract=3631002，2020.

购物获取的数据为基础，构建了物流、支付系统、娱乐、云计算、云存储、出版等一系列关联业务为一体的生态系统，利用数据的传导作用在不同的相关市场上形成市场势力。可以说，数据的联络作用使得互联网企业的主导市场和新市场之间产生联系，受利于网络效应，互联网企业可以将主导市场的市场力量转移到新市场，主导市场和新市场的共同作用能够产生规模经济和范围经济，也能够提高市场效率，并为创新或竞争差异化提供合理回报。因此，利用大数据在互联网平台不同市场之间进行运作将成为一种重要的商业模式。值得注意的是，互联网企业同样能够利用一边的市场支配力量阻碍另外一边市场竞争对手。如谷歌比价购物案在具有自我优待行为的同时，也属于典型的滥用杠杆。谷歌的比较购物服务产品 Froogle 初步进入市场时，市场份额较小，由于网络购物很大程度上依赖于流量，因此，占据搜索引擎市场支配地位的谷歌通过流量引流，将搜索引擎的数据流量导入了 Froogle 上，致使其流量显著提升，通过数据算法给予了 Froogle 明显的竞争优势。[①]

二、数字经济时代大数据领域滥用行为的认定难题

上述梳理的六种行为，很多行为特征符合传统经济时代反垄断法上要求的滥用行为构成要件，但以传统的反垄断法进行严格界定，却又不完全契合，这些行为在某种程度上亦可以被界定为消费者保护法、反不正当竞争法或民法意义上的侵权或滥用。"Facebook 滥用市场支配地位案"对不当收集用户数据的行为性质存在较大争议，其他国家和地区对这种不当收集用户数据行为的性质认识也各不相同，如加拿大竞争局认为，把数据的处理和隐私视为影响市场竞争中服务质量的一个竞争参数，数据的过度收集、个人隐私保护的降低，意味着服务质量的下降。因此属于反垄断法上的滥用行为。[②]而欧盟则认为，由于数据浓度的增加，与隐私有关的担忧不属于欧盟竞争法规则的范围，但属于欧盟数据保护规则的范围，属于侵犯个人隐私的行为。[③]

[①] 赵晨芳：《数字经济时代互联网企业反垄断的挑战与应对——由"谷歌利用算法滥用支配地位"案切入》，载《长春市委党校学报》2019 年第 2 期。

[②] Competition Bureau of Canada, Big data and innovation: key themes for competition policy in Canada, 2018.

[③] Case No. COMP/M.7217-Facebook/WhatsApp, Commission Decision of 03/10/2014.

欧洲法院在 Asnef Equifax 案（2006）中指出，与个人数据敏感性有关的任何问题本身都不是竞争法的问题，但可以根据有关数据保护的相关规定来解决。[①] 意大利竞争管理局则认为，竞争法和数据保护法都没有明确将过度收集数据的行为归属于竞争法或者数据保护法，相反，过度收集数据侵犯了消费者在消费过程中的权益，在消费者保护法的框架内可以找到合理的法律依据，因此应该由消费者权益保护法保护。

之所以产生分歧，关键在于大数据领域的滥用行为已经超出传统反垄断法的规制范畴，因此无法用传统反垄断法的理论和形式构成要件识别上述实质上可能属于反垄断法意义上的滥用行为。事实上，反垄断法上滥用行为识别认定的本质，是将互联网企业的具体行为适用于法律，并判断有无竞争损害。在具体的识别认定过程中，本身隐含着两个条件：第一个条件是，滥用行为必须形式上符合法律规定的滥用类型，这是滥用行为进行认定的前提。即通过立法对具有众多表现形式的滥用行为进行提前过滤，使具备一定形式要件的滥用行为能够进入反垄断规制的范畴，避免反垄断执法泛化。第二个条件是，除了形式上符合法律规定的滥用行为类型，但还需要查明该行为是否存在竞争损害。即通过实质性审查，将形式上符合滥用行为类型，但实质上不具有反竞争的行为排除在规制范畴之内。通过传统的反垄断法适用上述六种大数据领域互联网企业的典型性滥用行为，面临下列问题。

（一）传统滥用行为立法类型无法涵射大数据领域滥用行为新类型

首先，多种大数据领域的滥用行为类型，并不在传统的反垄断立法类型之内。正如本书在前面分析的那样，在传统经济时代，各个国家和地区在立法上对滥用支配地位具体类型分别作规定。然而，大数据领域的滥用行为很多利用了大数据所具有的可复制性、传导性、预测性等独特特征，而传统产品并不具备这些特征，因此，从前文梳理的六种行为类型来看，像互联网企业通过大数据实施的自我优待、强制搭便车和滥用市场杠杆等行为，并不在传统立法规定的类型范围之内（见表4）。

[①]　ECJ, "Asnef-Equifax", C-238/05, judgment of 23.11.2006, http://curia. europa.eu/juris/showPdf.jsf; jsessionid=9ea7d0f130d5bea0e088b08f44b3b853d5eb7ffd88fa.e34Ka xiLc3eQc40LaxqMbN4Och0Qe0?text=&docid=65421&pageIndex=0&doclang=EN&mode=lst& dir=&occ=first&part=1&cid=236269.

表 4　大数据领域滥用行为类型与传统立法滥用行为类型比较

大数据领域滥用行为典型类型	匹配情况	我国反垄断法规定的滥用行为主要类型	排他性或剥削性滥用
拒绝分享数据	匹配	拒绝交易	排他滥用
价格歧视（大数据杀熟）	匹配	差别待遇	剥削滥用、排他滥用
不当收集数据	匹配	搭售、附加条件交易	剥削滥用
强制搭便车	相互不匹配	不公平交易	排他滥用
自我优待		限制交易	排他滥用
滥用市场杠杆		掠夺性交易	排他滥用

其次，剥削性滥用问题突出。数字经济时代，剥削性滥用成为主要影响竞争的方式，比如，大数据杀熟行为本质上属于互联网企业利用大数据获取的对消费者的消费承受能力、购物爱好等方面的了解攫取超额市场利润，剥削消费者的权益——传统经济时代，企业在没有大数据帮助的情况下，并不掌握消费者价格承受能力。但是在数字经济时代，互联网企业通过大数据对消费者进行透视了解其产品购买承受力后，事实上剥夺了本可由消费者享有的消费者剩余。还比如，恶化向消费者提供的隐私条款和数据收集条款，或明确限制消费者将其内容转移到其他平台的行为，本质上都是利用市场势力对消费者人身或选择权利的侵犯。但是，由于立法框架没有对此类剥削性滥用作出规定，因此，这些行为要么不能归入传统立法上的滥用行为类型而不能被认定为反垄断法规制的范畴，[①] 要么只能被概念化为收取过高的非货币性价格，向排他性滥用的特征靠拢，比如价格歧视、数据收集或其他质量方面的问题，被转化为排他性滥用的过高价格或不公平条款，通过反垄断法上的排他性滥用规则加以规制。[②]

（二）传统滥用行为分析模式无法识别大数据领域滥用行为竞争损害

在法律上对于大数据领域滥用行为新类型进行归纳后，还需要将现实生活中大数据领域的滥用行为进行具体认定分析。没有正当的分析工具就无法

---

① 詹馥静：《大数据领域滥用市场支配地位的反垄断规制——基于路径检视的逻辑展开》，载《上海财经大学学报（哲学社会科学版）》2020 年第 4 期。

② OECD（2020），*Abuse of dominance in digital markets*，www.oecd.org/daf/competition/abuse-of-dominance-in-digital-markets-2020.pdf.

认定竞争损害。值得注意的是，由于大数据的快速发展和大数据市场边界的模糊，大数据领域的滥用行为分析识别较为复杂，对于竞争损害本身难以查清。

首先，竞争损害事实难以查清。数字经济时代，产品或者服务要占据市场，必须注重创新，在创新的带动下，企业的商业模式长期处于不断动态发展过程中。大数据的利用离不开算法，而算法基于技术手段实现，技术手段具有较高的隐蔽性和专业性，非一般人员所能轻易理解，特别是大数据本身以数字信息形式存在，其存储、传输、使用都属于无形，并且较为容易修改，因此，大数据技术特点和动态特征决定了识别存在滥用行为这一事实存在较大难度。比如，对于百度、谷歌等互联网企业来说，它们盈利的手段是通过降低或屏蔽其他网站搜索人为提高自己所希望的网站排名，以获取收益。这种利用技术手段影响排名的做法与传统的改变供货顺序、标注不同价格影响排名的手法明显不同。通过复杂算法形式影响网站排名，没有专业的知识或者工具，常人很难识别是否存在利用技术影响排名的行为。[①]

其次，是否存在竞争损害后果难以判断。一方面，根据传统的反垄断法目标，反垄断法更多保护的是竞争秩序而不是竞争者的利益，在判断行为是否构成滥用时，是否损害竞争秩序是一个重要的考量因素。因此，只要考虑滥用行为是否引起竞争障碍即可认定其具有反竞争效果，产生竞争损害。然而以往这种竞争秩序损害等同于竞争损害的做法在数字经济时代面临难题。数字经济时代，很多互联网企业通过损害消费者的隐私或者产品（质量）来获得竞争优势。然而，要精确评估质量属性，并从竞争的角度判定质量因素带来的影响比较困难。同样，要将这种隐私损害的评价转化为可量化的竞争损害评估几乎不可能。比如，前面提到的不当收集个人数据的案例中，过度收集数据由隐私问题转变为竞争法问题的标准难以确认，而不同的国家甚至不同个人对隐私的重视程度都不一样。[②] 故此，界定收集隐私是否过度的标准很难统一、确定。

同时，在判断竞争损害时，还有两个问题值得注意，一是市场动态竞争

[①]　蒋潇君：《互联网企业滥用市场支配地位行为的反垄断法规制研究》，对外经济贸易大学法学院 2014 年博士学位论文。

[②]　韩伟：《数字经济时代中国〈反垄断法〉的修订与完善》，载《竞争政策研究》2018 年第 4 期。

影响竞争损害判断。受到互联网行业特征影响，拥有大数据的互联网企业的市场结构处于变化之中，市场竞争产生的后果属于正效应还是负效应难以判断，有些互联网企业尽管在市场竞争中胜利，但是这是对其使用大数据产生效率、创新成果的确认，若未能对该互联网企业利用大数据的行为有确凿的证据证明其损害竞争就加以限制，有可能抑制创新，损害消费者福利。① 二是双边市场特性影响竞争损害判断。目前的反垄断竞争损害评估模式是在单边市场的背景下设计的，而大数据竞争往往发生在多边市场。因此，将基于单边市场得到的竞争损害评估方法直接适用互联网企业所具有的市场多边性会得到错误的损害结论。如有些竞争行为从单边角度看是限制竞争的，但是从双边市场角度看却是促进竞争的。②

第三节　数字经济时代大数据领域滥用行为的拓展与认定

由前面分析可知，大数据在运用过程中，无论是滥用行为的表现形式还是竞争损害的具体内容，都不同于传统经济时代下的市场竞争行为，传统的市场竞争模式亦在数字经济时代发生了颠覆性变化，这也意味着若谨守传统反垄断法的规制类型和分析模式，将无法适应数字经济时代的发展。因此，有必要根据大数据领域的市场竞争特点对数字经济时代滥用市场支配地位行为认定规则进行重构，以提升反垄断法应对数字经济发展的适用弹性。

---

① 谷歌比价购物案中，对利用算法进行购物比较是否属于滥用的问题并无共识。第一种观点认为属于滥用，因为数据算法应该中立、非歧视，然而谷歌却利用算法使得竞争对手的页面流量大幅下跌，并且通过历史纵向对比，是在谷歌利用其在搜索领域的支配地位在对算法降权后出现这种局面。因此，谷歌这种利用算法的权降行为，是对"搜索中立"义务的违反，构成反垄断法上的差别待遇，应当受到反垄断法的规制。第二种观点则认为，互联网企业利用算法是一种正当经营行为。谷歌通过算法进行购物比较，有助于提升搜索服务质量，为用户和广告商带来利益。强制要求谷歌将竞争对手的商品占据通用搜索最重要的部分将会损害竞争。因为谷歌搜索的竞争力恰恰在于通过算法形成的搜索结果，且"歧视"本身就是搜索引擎提供产品的方式，因此不属于滥用。

② 蔡红君、方燕：《技术动态性，市场多边性与互联网反垄断认识误区》，载《财经问题研究》2020 年第 5 期。

一、大数据领域滥用行为立法类型的拓展

反垄断法的目的是解决公法和私法不能解决的问题，发挥合同法、行政法、消费者保护法等这类法律所管辖之外的作用，比如"确保有效的竞争过程""促进消费者福利""提高效率""确保经济自由""确保公平竞争环境""促进公平与平等"等。在传统经济时代，工业经济大生产主要的目的是提高经济效率以提升消费者的经济福利，因此，通过保障市场竞争的秩序，使经济力量不至过度集中，通过创造一种平等的竞争环境，就能促进经济发展，进而使消费者的利益得到保障和维护。换言之，市场经营者能够产生的市场效果或者对消费者的影响主要是经济方面，因此，传统经济时代，对市场竞争行为的规制目标专注在经济方面。

然而，在数字经济时代，大数据在市场竞争中发挥关键性作用，数字经济竞争主要围绕与创新型产品、服务相关的新技术、新模式展开，消费者经济福利的重要性降低，相反，市场经营者在市场竞争中更多利用大数据降低隐私保护水平、降低服务质量以及提高用户的使用成本等损害消费者非经济福利的行为。因此，在大数据领域对滥用行为进行认定，必然需要以新的思路对待隐私、质量、创新、选择多样性在竞争中的作用。2010 年，美国颁布的《合并指南》新增部分专门强调竞争秩序之外其他反垄断目标的重要性，认为反垄断过程中任何消费者保护问题都必须与竞争损害相平衡。[1] 数字经济时代，对大数据的滥用行为导致传统的反垄断目标不足以应对大数据给市场竞争带来的负面影响。因此，应当对传统经济时代的反垄断目标进行回归和改良，将传统的保护市场竞争秩序之外的隐私、选择多样性、服务质量这些在市场竞争中体现为剥削性滥用的行为纳入反垄断规制目标范畴内。

具体而言，一方面，将原有的排他性滥用中有关剥削性滥用的规定脱离出来。传统法律把本质上属于剥削性滥用的行为归纳为排他性滥用，比如歧视待遇、不公平交易。因此，有必要把这些直接侵犯消费者、本质上属于剥削性滥用的行为单独列出来，与排他性滥用并列成为一种滥用行为，强化反垄断法对剥削性滥用的立法规制。另一方面，必须深化剥削性滥用在反垄断法的具体内容。一般认为剥削性滥用主要区分为不公平定价、歧视定价和不

---

[1]　牛喜堃：《数据垄断的反垄断法规制》，载《经济法论丛》2018 年第 2 期。

公平条款。这种分类基于价格机制评价市场竞争，过度重视价格竞争损害对消费者利益的影响。在数字经济时代，对滥用的界定并不能局限于价格损害以判断有无竞争秩序损害，更多是在保护经济福利之外的非价格福利损害。欧洲消费者组织（BEUC）在界定消费者损害时将其分为即较差的质量、较少的选择以及创新减少三个大的类型，这为构建剥削性滥用的非价格损害类型提供了参考借鉴。剥削性滥用在结合传统的过高定价、歧视定价等价格损害的基础上，增加非价格损害类型，即较差的质量、较少的选择以及创新减少。比如，过度收集数据可以视为企业降低了对消费者隐私保护的标准，是对服务质量的降低，可以归属于较差的质量类型。

另外，由于大数据的独特特征，大数据既是销售产品，本身又能产生市场力量，且在不同产品中进行传递融通，发挥着基础设施的作用，因此，杠杆作用、自我优待、强制搭便车等现象在数字经济时代较为普遍，且利用了大数据产生的竞争优势，破坏了不同市场主体之间的公平竞争，损害了竞争秩序，应将其纳入反垄断制度中排他性滥用的立法框架内。

二、大数据领域滥用行为分析模式的选择

不同的滥用行为分析模式对于滥用行为的认定有着关键性作用。欧盟和美国对谷歌比较案的不同处理可以说明这个问题。欧盟更注重形式主义分析模式，更加注重保护竞争过程，因此，在 2017 年，欧盟委员会针对谷歌滥用普通搜索市场的主导地位在搜索结果页面中偏袒自己公司的比较购物服务行为，处以罚款 24.2 亿欧元。同样是针对谷歌偏袒自己公司的比较购物行为，由于美国采用了效果主义分析模式，更加看重竞争损害后果，因此，尽管美国联邦贸易委员会对谷歌的偏袒行为同样进行了调查，但最终得出的结论是，谷歌展示内容方式的改变，提高了搜索结果的质量，既不反竞争，也不损害消费者的利益，因此，结束了对谷歌"搜索偏见"指控的调查。①

大数据的利用经常通过算法等隐蔽技术手段开展，同时，双边市场、不断变化的商业模式以及竞争中很大程度上是对质量进行剥削滥用，因此，要在大数据领域对滥用行为的事实认定和竞争损害的确认，由原告进行举证几

---

① OECD（2020），*Abuse of dominance in digital markets*，www.oecd.org/daf/competition/abuse-of-dominance-in-digital-markets-2020.pdf.

乎难以实现。在原告难以举证或者举证不能的情况下，继续要求对原告对竞争损害进行举证，这将导致几乎所有的滥用大数据的行为在事实上都无法认定。在竞争损害事实无论采取什么手段都难以查清的情形下，要对滥用大数据的行为进行竞争损害认定，就必须转变思路，将竞争损害这样一种事实认定问题转变为法律认定问题。如果竞争损害难以查清且原告无法举证，实行竞争损害责任推定。而这种竞争损害推定意味着免除了原告对竞争损害的举证责任，对滥用大数据行为也由效果主义分析模式转变为主要基于结构型效果主义分析模式——即对竞争损害进行违法性推定，即一旦经营者的行为符合法律规定的类型，即推定存在竞争损害，这免除了执法机关（原告）对竞争损害的举证责任，但允许被告提出正当理由对竞争损害进行辩驳。

必须强调的是，在数字经济时代，识别认定大数据领域的滥用行为时采用结构型效果主义分析模式，主要基于以下两个前提。

第一个前提是，数字经济时代市场竞争的特点决定了需要采取积极的市场干预形式。在传统经济时代下，市场经济主要靠市场自我调节形成市场秩序。然而，由于数字经济的独特性，互联网企业平台化，市场属于双边或者多边，竞争更是跨市场多维度，特别是互联网企业以大数据为桥梁，涉及多种经营、相互通融。这导致互联网企业极其容易形成市场竞争优势，排斥其他竞争者。由于互联网企业有着寡头化、平台化所导致的巨大市场势力，并存在逐利的内在驱动力，因此，极其容易滥用市场势力。在互联网企业占据支配地位有滥用行为后，采用结构型效果主义分析模式，直接推定其存在竞争损害，是基础事实与推定事实之间存在高度盖然性的判断。

另外，竞争风险难以预测，竞争损害难以识别。按照传统经济时代下的效果主义分析模式，注重静态竞争下的行为效果，将无法及时有效地回应激励科技创新和维护自由公平竞争的时代要求，亦对那些初创型的创新企业或潜在的竞争者的成长十分不利。特别是构筑于信息科技和数字科技颠覆式创新之上的数字经济对市场结构和竞争秩序产生的损害难以及时规制。[①]若继续谨守传统的反垄断法的谦抑规制理念和具体分析模式，将无法适应数字经济时代的发展，因此，需要积极干预数字经济市场，从严从紧。

第二个前提是，数字经济时代对大数据运用规制风险的不确定，决定了需要在形式主义分析方法和效果主义分析方法之间进行平衡。效果主义分析

---

① 陈兵：《因应超级平台对反垄断法规制的挑战》，载《法学》2020年第2期。

方法，需要原告（反垄断执法机关）对滥用行为、竞争损害等情形进行全面的举证，属于结果导向，要求较为严格，将导致规制滥用市场支配地位的法律在实践中较低程度运用。而形式主义分析方法，只要互联网企业的行为符合法律规定的滥用类型就认定其属于滥用行为，不需要原告（执法机关）进行竞争损害举证，也不允许被告进行辩驳，容易导致表面存在竞争损害但是实质上有利于竞争和社会福利的大数据运用行为被误判。这两种分析方法，要么容易导致执法不足，要么导致执法过度。因此，在由工业经济转向数字经济的过程中，保护竞争过程和强化市场的开放性有着同样的价值，分析模式的选择需要在注重竞争效果和塑造良好的竞争机制（结构）之间进行平衡。[1]

三、对结构型效果主义分析模式的具体适用路径

在滥用行为认定的具体使用路径上，结构型效果主义分析模式与传统分析模式的认定过程没有本质区别，都是分为四个步骤，首先是市场势力认定，其次是滥用行为的认定（竞争损害的证明），第三是被告对滥用行为的合理性进行辩驳，第四是司法机关（执法机关）对辩驳理由进行判断衡量。但是，由于大数据的特殊性，在具体适用结构型效果主义认定滥用大数据行为时，也必须注意三个方面的问题。

第一，确认市场势力是筛选可能损害竞争行为的前提之一，也是区分滥用市场支配地位行为与侵犯消费者权益行为、侵犯信息安全行为、侵犯人身权利行为等情形的重要标准。社会之所以对侵犯大数据的行为存在不同性质认定的观点，关键就在于没有看到互联网企业在运用大数据的过程中采用了支配性的市场力量。在脸书案中，脸书公司在条款和条件上不遵守数据保护规则，过度收集用户的数据，就该行为本身而言，仅仅违反了欧盟的《通用数据保护条例》。但是，其之所以对用户能够强加相关条款和条件，本质上是脸书公司所具有的市场力量或优越的议价能力强加给用户的，其损害了用户的选择权。同时，也由于其本身具有锁定效应，容易对竞争对手不利，产生竞争秩序的损害。[2]因此，其行为是反垄断法上的滥用行为，而不是其他性质的行为。

---

① 叶卫平：《反垄断法分析模式的中国选择》，载《中国社会科学》2017 年第 3 期。

② Rachel Scheele，*Facebook*：*From Data Privacy to a Concept of Abuse by Restriction of Choice*，12 Journal of European Competition Law & Practice 34，2021.

　　第二，在结构型效果主义分析模式下，考虑到互联网企业的集中化、平台化趋势，且容易形成自然垄断，导致市场进入的高壁垒，因此，发现互联网企业有滥用行为，就产生竞争损害的可反驳推定，而且这种推定不需要严格证明市场力量与滥用行为之间的因果关系[①]，但是需要证明市场力量与竞争效果之间的关系。比如，"大数据杀熟"中，市场力量状态和杀熟后的效果——不同顾客之间的价格差异，相对而言比较容易证明，但是大数据杀熟行为（算法）难以查清。事实上，正因为市场力量与滥用行为之间因果关系很难查清，有的国家立法开始尝试降低市场力量与滥用行为之间的因果关系证明，《德国反对限制竞争法》第十修正案草案（2020年1月24日发布）就不要求证明支配地位和滥用行为之间的因果关系，仅证明支配地位与反竞争效果之间存在因果关系即可。

　　第三，在结构型效果主义分析模式下，对滥用行为进行辩驳的正当理由中，动态抗辩因素可能会越来越重要。一个完整严密的滥用行为分析模式，既有损害推定，也要允许当事人的抗辩，使执法或者司法机关能够全面、客观、真实地审查竞争损害，使即便有滥用行为的形式外观，但是却并没有实质损害的良性行为被排除在外。我国《工商行政管理机关禁止滥用市场支配地位行为的规定》第8条规定，认定"正当理由"应当综合考虑下列因素：（1）有关行为是否为经营者基于自身正常经营活动及正常效益而采取；（2）有关行为对经济运行效率、社会公共利益及经济发展的影响。另外，我国国家市场监督管理总局于2019年6月公布的《禁止滥用市场支配地位行为暂行规定》亦针对每种具体的滥用类型的抗辩理由做了具体的规定。然而，值得注意的是，如前面提到的，在数字经济时代，互联网企业之间的竞争更多是动态竞争形式，且大数据的使用价值不具有确定性，因此，在传统的抗辩理由外，动态效率的抗辩理由亦必须考虑。在传统的静态竞争下，资源是既定不变的，不同人之间可以进行比较，因此，静态竞争下的效率可以理解为不同市场主体之间谁能够最优化地使用资料，避免浪费资源。然而，在数字经济时代，动态效率的定义不再局限于资源的有效利用（效用），甚至这种效用标准根本无法事先确立，根据动态效率标准，更注重如何去创造新的资源，特别是去开发新产品或生产新工艺（或改进既存的工艺），而这

　　[①]　Rachel Scheele, *Facebook*：*From Data Privacy to a Concept of Abuse by Restriction of Choice*，12 Journal of European Competition Law & Practice 34，2021.

些往往又需要经历一段时间后才能出现并产生效果。实践中学习（learning by doing）、减少过多的研发开支、实现研发的规模经济等等都是动态效率的例证。[1] 当然，这也意味着在市场竞争中存在一定的失调、资源浪费甚至竞争的外部性现象亦是可进行抗辩的正当理由。

---

[1] 韩伟：《欧盟滥用市场支配地位反垄断指南析评》，载《中国价格监督检查》2013 年第 9 期。

第七章　对大数据领域反垄断监管的展望

2021 年 8 月，中央全面深化改革委员会在第二十一次会议上明确提出要加强反垄断监管力度，以促进公平竞争的市场环境、为各类市场主体创造更广阔的发展空间，更好保护消费者权益。本书在这种时代背景下，系统地构建大数据领域互联网企业滥用市场支配地位的认定标准和方法，为数字经济时代强化对大数据领域滥用市场支配地位行为的反垄断监管提供了思路和路径。同时也必须看到，因大数据使用的时间总体不长，滥用行为的认定在学术理论界关注不多，有关案例和学术成果积累也还较少。因此，有些问题本人已经意识到，但是由于学术能力或者案例缺乏等原因，想得不够深入、透彻，有些问题还有待进一步研究。

首先，探索互联网企业和互联网平台区分标准问题。本书将滥用大数据的市场主体限定于互联网企业，但是，在实践中，滥用大数据的主体更多的是互联网平台。尽管已经有不少学者对互联网企业和互联网平台的概念进行了定义，但是二者之间的界限，无论是学术界还是司法界都没有具体的标准，比如阿里巴巴，可以将其称之为互联网企业，亦可以称之为互联网平台。本书在研究过程中，对此也比较困惑，感觉二者有很多重合，但是亦有区别，始终没有找到具体的标准将二者区分开来。因此，接下来的研究中，笔者将努力构建互联网企业和互联网平台区分的具体标准。

其次，探索非价格分析方法适用大数据领域滥用市场支配地位行为认定的具体路径和方法。价格分析法是基于芝加哥学派经济理论为基础上形成的，有系统的、经过长时间检验的经济学理论和实践作为支撑。本书提出了对侵犯隐私、产品质量降低等滥用行为进行认定，可以用非价格分析方法，但是，更是提出了一种概念和初步框架，对在实践中如何具体运用，还有待进一步研究，特别是在具体机制和方法方面，需要进行深入的研究。

最后，探索系统地从大数据角度构建滥用行为的认定范式。大数据给市场竞争带来了根本性变化。笔者认为可以围绕大数据特征构建一个互联网企业滥用大数据市场支配地位行为认定的范式。但由于社会整体对该问题缺乏认识，笔者在撰写博士论文的有限时间内思考有限，因此，本书主要还是基于传统的反垄断框架，适当调整或者增加有关大数据变量，来完善大数据领域滥用市场支配地位认定的方法和标准，属于"小修小补"。但是，随着对互联网企业、大数据、滥用行为认定的认识加深，围绕大数据特征建立一整套互联网企业滥用市场支配地位的认定范式将成为可能。基于大数据特征构建大数据领域滥用行为的认定范式，也将使对大数据领域互联网企业滥用市场支配地位的认定标准和方法更加精确、完善。

参考文献

一、论文

1. 曾雄:《以 hiQ 诉 LinkedIn 案谈数据竞争法律问题》,载《互联网天地》2017 年第 8 期。

2. 孔祥俊:《论互联网平台反垄断的宏观定位——基于政治、政策和法律的分析》,载《比较法研究》2021 年第 2 期。

3. 杨东:《互联网金融监管的五个维度——以金融消费者保护为核心》,载《清华金融评论》2014 年第 10 期。

4. 丁文联:《数据竞争的法律制度基础》,载《财经问题研究》2018 年第 1 期。

5. 贾晓燕、封延会:《网络平台行为的垄断性研究——基于大数据的使用展开》,载《科技与法律》2018 年第 4 期。

6. 杨建辉:《数字经济挑战反垄断规则》,载《互联网经济》2017 年第 7 期。

7. 韩伟:《数字经济时代中国〈反垄断法〉的修订与完善》,载《竞争政策研究》2018 年第 4 期。

8. 袁嘉、梁博文:《有效创新竞争理论与数字经济时代反垄断法修订》,载《竞争政策研究》2020 年第 3 期。

9. 陈永伟:《数据产权应划归平台企业还是消费者》,载《财经问题研究》2018 年第 2 期。

10. 吴韬、郑东元:《经济分析如何融入法律过程:欧盟竞争法改革的得失及启示》,载《财经法学》2021 年第 1 期。

11. 周林彬、马恩斯:《大数据确权的法律经济学分析》,载《东北师大学报（哲学社会科学版）》2018 年第 2 期。

12. 方燕:《论经济学分析视域下的大数据竞争》,载《竞争政策研究》2020 年第 2 期。

13. 蒋岩波:《互联网产业中相关市场界定的司法困境与出路——基于双边市场条件》,载《法学家》2012 年第 6 期。

14. 钟刚:《平台经济领域滥用市场支配地位认定的证据规则思考》,载《法治研究》2021年第2期。

15. 杨东:《数字经济的理论突破与反垄断法的制度重构》,载《中国法学》2020年第3期。

16. 陈富良、郭建斌:《数字经济反垄断规制变革:理论、实践与反思——经济与法律向度的分析》,载《理论探讨》2020年第6期。

17. 杨东:《论反垄断法的重构:应对数字经济的挑战》,载《中国法学》2020年第3期。

18. 陈兵:《因应超级平台对反垄断法规制的挑战》,载《法学》2020年第2期。

19. 蒋潇君:《互联网企业滥用市场支配地位行为的反垄断法规制研究》,对外经济贸易大学2014年博士学位论文。

20. 胡燕玲:《大数据交易现状与定价问题研究》,载《价格月刊》2017年第12期。

21. 詹馥静:《大数据领域滥用市场支配地位的反垄断规制——基于路径检视的逻辑展开》,载《上海财经大学学报(哲学社会科学版)》2020年第4期。

22. 杨爱仙:《经济学和法学视角下的企业概念诠释》,载《商业时代》2010年第7期。

23. 顾海伦:《中国互联网企业的定义与分类问题研究》,上海师范大学2017年硕士学位论文。

24. 陈畅:《互联网企业滥用市场支配地位的反垄断法思考》,载《湖北师范学院学报(哲学社会科学版)》2016年第7期。

25. 逄健、刘佳:《摩尔定律发展述评》,载《科技管理研究》2015年第15期。

26. 张江莉:《互联网市场的新自然垄断与反垄断规制——3Q之战折射出的反垄断法实施问题》,载《网络法律评论》2012年第1期。

27. 尚芹:《互联网企业滥用市场支配地位的反垄断法规制研究》,辽宁大学2014年博士学位论文。

28. 武锋:《加快大数据发展是大势所趋》,载《全球化》2016年第4期。

29. 李莉:《大数据发展中的中国社会公正问题研究》,延安大学2017年硕士学位论文。

30. 宁宣凤、吴涵：《浅析大数据时代下数据对竞争的影响》，载《汕头大学学报（人文社会科学版）》2017 年第 5 期。

31. 曾雄：《数据垄断相关问题的反垄断法分析思路》，载《竞争政策研究》2017 年第 6 期。

32. 李剑：《双边市场下的反垄断法相关市场界定——"百度案"中的法与经济学》，载《法商研究》2010 年第 5 期。

33. 李剑：《相对优势地位理论质疑》，载《现代法学》2005 年第 3 期。

34. 占佳：《联网产业相关市场界定研究：以奇虎 360 诉腾讯案为例》，江西财经大学 2016 年博士学位论文。

35. 王巍、张军建：《论我国反垄断法的立法目的》，载《湖南社会科学》2006 年第 1 期。

36. 张江莉：《论相关产品市场界定中的"产品界定"——多边平台反垄断案件的新难题》，载《法学评论》2019 年第 1 期。

37. 韩伟：《数字经济中的隐私保护与支配地位滥用》，载《中国社会科学院研究生院学报》2020 年第 1 期。

38. 邓志松、戴健民：《数字经济的垄断与竞争：兼评欧盟谷歌反垄断案》，载《中国市场监管研究》2017 年第 10 期。

39. 兰磊：《论垄断行为分析模式的配置逻辑》，载《经贸法律评论》2021 年第 2 期。

40. 陈富良、郭建斌：《数字经济反垄断规制变革：理论，实践与反思——经济与法律向度的分析》，载《理论探讨》2020 年第 6 期。

41. 王先林：《互联网行业反垄断相关商品市场界定的新尝试——3Q 垄断案一审法院判决相关部分简析》，载《中国版权》2013 年第 3 期。

42. 王晓晔：《数字经济反垄断监管的几点思考》，载《法律科学（西北政法大学学报）》2021 年第 4 期。

43. 郑孖青：《欧盟反垄断最新进展与影响》，载《中国外汇》2021 年第 10 期。

44. 谢猇：《互联网企业的大数据垄断法律问题研究》，首都经济贸易大学 2018 年硕士学位论文。

45. 马栋：《注意力平台相关市场界定方法的反思与重构》，载《南海法学》2019 年第 4 期。

46. 周万里：《数字市场反垄断法——经济学和比较法的视角》，载《中德法学论坛》2018 年第 1 期。

47. 仲春:《互联网行业反垄断执法中相关市场界定》,载《法律科学》2012 年第 4 期。

48. 曾迪:《大数据背景下互联网平台反垄断法适用难题及对策研究》,载《重庆邮电大学学报（社会科学版）》2019 年第 3 期。

49. 黄勇、蒋潇君:《互联网产业中"相关市场"之界定》,载《法学》2014 年第 6 期。

50. 张坤:《互联网行业反垄断研究》,湖南大学 2016 年博士学位论文。

51. 刘志成、李清彬:《把握当前数据垄断特征优化数据垄断监管》,载《中国发展观察》2019 年第 8 期。

52. 赵晨芳:《数字经济时代互联网企业反垄断的挑战与应对——由"谷歌利用算法滥用支配地位"案切入》,载《长春市委党校学报》2019 年第 2 期。

53. 许光耀:《互联网产业中双边市场情形下市场支配地位滥用行为的反垄断法调整——兼评奇虎诉腾讯案》,载《法学评论》2018 年第 1 期。

54. 邹开亮、刘佳明:《大数据产业相关市场界定的困境与出路》,载《重庆邮电大学学报（社会科学版）》2018 年第 5 期。

55. 雷琼芳:《互联网相关市场界定的研究——基于假定垄断者测试法和盈利模式测试法的比较》,载《价格理论与实践》2017 年第 2 期。

56. 翁卫国:《互联网企业滥用市场支配地位的法经济学研究》,西南政法大学 2016 年博士学位论文。

57. 李勇坚:《互联网平台寡头垄断:根源、影响及对策》,载《人民论坛》2021 年第 1 期。

58. 丁文联:《数字经济的竞争法关切和基础问题》,载《竞争政策研究》2017 年第 5 期。

59. 杨东、臧俊恒:《数字平台的反垄断规制》,载《武汉大学学报（哲学社会科学版）》2021 年第 2 期。

60. 于左:《互联网大数据平台的市场支配地位认定与反垄断政策》,载《竞争政策研究》2017 年第 5 期。

61. 孙晋、钟原:《大数据时代下数据构成必要设施的反垄断法分析》,载《电子知识产权》2018 年第 5 期。

62. 李荣、陈祉璇:《大数据反垄断的挑战与规制优化》,载《石河子大学学报（哲学社会科学版）》2019 年第 5 期。

63. 李虹、张昕竹：《相关市场的认定与发展及对中国反垄断执法的借鉴》，载《经济理论与经济管理》2009 年第 5 期。

64. 叶卫平：《反垄断法分析模式的中国选择》，载《中国社会科学》2017 年第 3 期。

65. 刘志成、李清彬：《把握当前数据垄断特征优化数据垄断监管》，载《中国发展观察》2019 年第 8 期。

66. 蔡红君、方燕：《技术动态性，市场多边性与互联网反垄断认识误区》，载《财经问题研究》2020 年第 5 期。

67. 韩伟：《欧盟滥用市场支配地位反垄断指南析评》，载《中国价格监督检查》2013 年第 9 期。

68. 颜运秋：《反垄断法应以保护消费者权益为终极目的》，载《消费经济》2005 年第 5 期。

69. 吴汉洪、王申：《数字经济的反垄断：近期美国反垄断领域争论的启示》，载《教学与研究》2020 年第 2 期。

70. 殷继国：《大数据经营者滥用市场支配地位的法律规制》，载《法商研究》2020 年第 4 期。

71. 陈林、张家才：《数字时代中的相关市场理论：从单边市场到双边市场》，载《财经研究》2020 年第 3 期。

72. 金晶：《欧盟〈一般数据保护条例〉：演进、要点与疑义》，载《欧洲研究》2018 年第 4 期。

73. 牛喜堃：《数据垄断的反垄断法规制》，载《经济法论丛》2018 年第 2 期。

74. 顾正平：《2017 年国际反垄断十大经典案例评析》，载《竞争政策研究》2018 年第 2 期。

75. Thomas J. Horton, *Rediscovering Antitrust's Lost Values*, 16 University of New Hampshire Law Review 179 (2018).

76 Marina L. Lao, *Strengthening Antitrust Enforcement Within the Consumer Welfare Rubric*, 32 Competition Policy International (CPI) Antitrust Chronicle 1 (2019).

77. Marshall Steinbaum & Maurice E.Stucke, *The Effective Competition Standard: A New Standard for Antitrust*, 87 Chicago Law Review 595 (2020).

78. L M.Khan, *Amazon's Antitrust Paradox*, .126 Yale Law Journal 710 (2017).

79. F ThéPot., *Market Power in Online Search and Social Networking: A Matter of Two-Sided Market*, 36 Social Science Electronic Publishing 195 (2013).

80. Graef I., *Market Definition and Market Power in Data: The Case of Online Platforms*, 38 World Competition 473 (2015).

81. Gambaro M, *Big Data Competition and Market Power*, 2 Market and Competition Law Review 99 (2019).

82. Marco Botta & Klaus Wiedemann, *To Discriminate or Not to Discriminate? Personalised Pricing in Online Markets as Exploitative Abuse of Dominance*, 50 European Journal of Law and Economics 381 (2020).

83. Marco Botta & Klaus Wiedemann, *EU Competition Law Enforcement Vis-À-Vis Exploitative Conducts in the Data Economy Exploring the Terra Incognita*, Max Planck Institute for Innovation & Competition Research Paper No. 18–08 (2018).

84. Reyna A.,*The Shaping of a European Consumer Welfare Standard for the Digital Age*, 10 Journal of European Competition Law & Practice 1 (2019).

85. Barry M Leiner, et al., *The past and future history of the Internet*, 40 Communications of the ACM 2 (1997).

86. Rochet, J.–C.,& Tirole J, *Platform Competition in Two-Sided Markets*, 4 Journal of the European Economic Associatio 990 (2003).

87. Elia G, Polimeno G& Solazzo G, et al., *A Multi-dimension Framework for Value Creation Through Big Data*, 90 Industrial Marketing Management 617, 2020.

88. Darren S.Tucker & Hill Wellford, *Big Mistakes Regarding Big Data*, Antitrust Source, American Bar Association, 2014.

89. Robertson V.,*Antitrust Law and Digital Markets: A Guide to the European Competition Law Experience in the Digital Economy*, SSRN Electronic Journal, 2020.

90. Douglas Ginsburg, *Originalism & Economic Analysis: Two Case Studies of Consistency and Coherence in Supreme Court Decision Making*, 33 Harvard Journal of Law & Public Policy 217, 2010.

91. Dorsey E., *Antitrust in Retrograde: The Consumer Welfare Standard, Socio-Political Goals, and the Future of Enforcement.*, SSRN Electronic Journal, 2020.

92. Paul H. Brietzke & Robert H. Bork, *The Antitrust Paradox: A Policy at War*

with Itself, valparaiso university law review, 1979.

93. David B Audretsch, William J Baumol & Andrew E Burke, *Competition policy in dynamic markets*, 19 International Journal of Industrial Organization 613, 2001.

94. Ezrachi A., *EU Competition Law Goals and the Digital Economy*, Social Science Electronic Publishing.

95. Tim Wu, *After Consumer Welfare, Now What? The "Protection of Competition" Standard in Practice*, The Journal of the Competition Policy International, Columbia Public Law Research Paper No. 14–608, 2018.

96. Lapo Filistrucchi, Damien Geradin, Eric van Damme & Pauline Affeldt, *Market Definition in Two-Sided Markets: Theory and Practice*, 10 Journal of Competition Law and Economics 293, 2013.

97. D H.Ginsburg, *Originalism and Economic Analysis: Two Case Studies of Consistency andCoherence in Supreme Court Decision Making*, 33 Harvard Journal of Law & Public Policy 217, 2010.

98. George Norman, Lynne Pepall, Dan Richards & Liang Tan, *Competition and consumer data: The good, the bad, and the ugly*, 70 Research in Economics 752, 2016.

99. Damien Geradin, Nicolas Petit, Mike Walker & Paul Hofer, *The Concept of Dominance in EC Competition Law*, SSRN Electronic Journal, https://www. researchgate.net/publication/228230631_The_Concept_of_Dominance_in_EC_ Competition_Law.

100. Alexiadis P& Streel A D., *Designing an EU Intervention Standard for Digital Platforms*, Social Science Electronic Publishing.

101. Elia G, Polimeno G& Solazzo G, et al., *A multi-dimension framework for value creation through big data*, Industrial 90 Marketing Management 617, 2020.

102. Hovenkamp H.,*The Antitrust Enterprise: Principle and Execution: An Introduction*, 2 Journal of Corporation Law 287, 2006.

103. D. Daniel Sokol& Roisin E. Comerford, *Antitrust and regulating big data*, 23 George Mason Law Review, University of Florida Levin College of Law Research Paper 16, 2016.

104. F. Felice& M. Vatiero, *Ordoand European competition law, A Research*

Annual (Research in the History of Economic Thought and Methodology, Emerald Group Publishing Limited, 2015.

105. William E. Kovacic & Carl Shapiro, *Antitrust Policy: A Century of Economic and Legal Thinking*, 14 Journal of Economic Perspectives, 2000.

二、著作

1. 甘培忠、周淳、周游：《企业与公司法学（第八版）》，北京大学出版社 2017 年版。

2. ［美］杰奥夫雷 G. 帕克、马歇尔 W. 范·埃尔斯泰恩、桑基特·保罗·邱达利：《平台革命：改变世界的商业模式》，志鹏译，机械工业出版社 2017 年版。

3. ［美］理查德·A·波斯纳：《反托拉斯法（第二版）》，孙秋宁译，中国政法大学出版社 2002 年版。

4. 吴军：《智能时代：大数据与智能革命重新定义未来》，中信出版社 2016 年版。

5. ［美］托马斯·达文波特：《数据化转型》，盛杨灿译，浙江人民出版社 2018 年版。

6. 周涛：《为数据而生：大数据创新实践》，北京联合出版公司 2016 年版。

7. 李军：《大数据：从海量到精准》，清华大学出版社 2014 年版。

8. 钱穆：《国史大纲》，商务印书馆 1996 年版。

9. 戴龙：《滥用市场支配地位的规制研究》，中国人民大学出版社 2012 年版。

10. 李虹：《相关市场理论与实践——反垄断相关市场界定的经济学分析》，法律出版社 2014 年版。

11. 王利明、杨立新、王轶等：《民法学（第四版）》，法律出版社 2015 年版。

12. 时建中、张艳华主编：《互联网产业的反垄断法与经济学》，法律出版社 2018 年版。

13. 孟雁北等：《大数据竞争：产业、法律与经济学视角》，法律出版社 2020 年版。

14. ［美］欧内斯特·霍尔盖恩、威廉姆·科瓦契奇、斯蒂芬·卡尔金斯：《反垄断法与经济学》，任勇、邓志松、尹建平译，法律出版社 2009 年版。

15. 刘佳:《互联网产业中滥用市场支配地位法律问题研究》，人民出版社 2018 年版。

16. 孟雁北:《反垄断法》，北京大学出版社 2011 年版。

17. 王先林:《知识产权与反垄断法》，法律出版社 2008 年版。

18. 丁茂中:《反垄断法实施中的相关市场界定研究》，复旦大学出版社 2011 年版。

19. 韩伟:《美欧反垄断新规选编》，法律出版社 2016 年版。

20. 韩伟主编:《数字市场竞争政策研究》，法律出版社 2017 年版。

21. 孔祥俊:《反垄断法原理》，中国法制出版社 2001 年版。

22. 李剑:《反垄断法核心设施理论研究》，上海交通大学出版社 2015 年版。

23. 仲春:《创新与反垄断——互联网企业滥用行为之法律规制研究》，法律出版社 2016 年版。

24. R.Whish, *Competition Law*(6th ed), Oxford University Press, 2009.

25. Zoltan J.Acs, *Competition, Innovation, and Antitrust: A Theory of Market Leaders and Its Policy Implications*, Springer Berlin Heidelberg, 2007.

26. Ariel Ezrachi & Maurice E. Stucke, *Virtual Competition*, Harvard University Press, 2016.

27. Robert H.Bork, *The Antitrust Paradox*, Free Press, 1978.

28. David S. Evans& Richard Schmalensee, *Matchmakers: The New Economics Multisided Platforms*, Harvard Business Review Press, 2016.

29. Inge Graef, *EU Competition Law, Data Protection and Online Platforms: Data as Essential Facility*, Kluwer Law International, 2016.

30. Whish, R.& D. Bailey, *Competition Law*, Oxford University Press, 2012.

31. Maurice Stucke & Allen Grunes, *Big Data and Competition Policy*, Oxford University Press, 2016.

32. Susan Crawford, *Captive Audience: The Telecom Industry and Monopoly Power in the New Gilded Age*, Yale University Press, 2013.

33. Angela Daly, *Private Power, Online Information Flows and EU Law: Mind The Gap*,Hart Publishing, 2016.

34. Andrew I. Gavil & Harry First, *The Microsoft Antitrust Cases: Competition Policy for the Twenty-first Century*, MIT Press, 2014.

35. Marcus Glader,*Innovation Markets and Competition Analysis-EUcompetition law and US antitrust law*，Edward Elgar Pub，2006.

三、报告

1. G20 杭州峰会：《G20 数字经济发展与合作倡议》（2016 年）

2. 数字经济及其核心产业统计分类（2021）

3. 中国信息通信研究院：《中国数字经济发展白皮书》（2017 年）

4. 中国信息通信研究院：《中国数字经济发展与就业白皮书》（2018 年）

5. 中国信息通研究院：《大数据白皮书》（2018 年）

6. 中国互联网络信息中心：《第 46 次中国互联网络发展状况统计报告》（2020 年）

7. 国家统计局发布：《数字经济及其核心产业统计分类（2021）》

8. PwC (2020), Global Top 100 companies by market capitalisation

9. J. Crémer, Y. de Montjoye. and H. Schweitzer.Competition Policy for the digital era：Final report. Publications Office of the European Union, Luxembourg, (2019)

10. Schmidt, Hedvig, Taming the Shrew: There's No Need for a New Market Power Definition for the Digital Economy (2017). Faculty of Law, Stockholm University Research Paper No.17

11. Evans, David S., Multisided Platforms, Dynamic Competition, and the Assessment of Market Power for Internet-Based Firms (March 10, 2016). University of Chicago Coase-Sandor Institute for Law & Economics Research Paper No. 753

12. NSF.Core Techniques and Technologies for Advancing Big Data Science&Engineering(BIGDATA)

13. CERRE. Market Definition and Market Power in the Platform Economy

14. Autorité de la concurrence française and Bundesbehörde derbundes-kartellbehörde, Competition Law and Data, May 2016

15. Monopolies Commission. Control of abusive practices in the digital platform economy

16. Competition Bureau of Canada，"Big Data and Innovation: Key Themes for Competition Policy in Canada (February 19, 2018)

17. Arguments Against Data Ownership：Ten questions and answers

18. The Netherlands Ministry of Economic Affairs：Big data and competition, June 2017

19. OECD (2020)：Abuse of dominance in digital markets

20. Japan Fair Trade Commission Competition Policy Research Center, Report of Study Group on Data and Competition Policy, June 2017

21. OECD, Algorithms and collusion: Competition policy in the digital age，September 2017

22．Autorité de la concurrence française and Bundesbehörde derbundeskartellbehörde, Competition Law and Data, May 2016

23. GSMA.The Data Value Chain: Executive Summary, June 2018

四、案例

1. 北京市知识产权法院 (2016) 京 73 民终 588 号民事判决书

2. 北京海淀区人民法院（2014）海民（知）初字第 17645 号民事判决书

3. 浙江省杭州市中级人民法院 (2018) 浙 01 民终 7312 号民事判决书

4. 杭州铁路运输法院 (2017) 浙 8601 民初 4034 号民事判决书

5. 北京市高级人民法院 (2010) 高民终字第 489 号民事判决书

6. 最高人民法院（2013）民三终字第 4 号民事判决书

7. 北京市第一中级人民法院（2011）一中民终字第 7512 号民事判决书

8. Brooke Group Ltd. v. Brown & Williamson Tobacco Corp.

9. Weyerhaeuser Co. v. Ross−Simmons Hardwood Lumber Co.

10. United States v. Von's Grocery Co.

11. United States v.Columbia steel Co.Supreme Court of the United States

12. Case No COMP/M.7217 – Facebook/WhatsApp, 3 Oct. 2014

13. Case No COMP/M.6281 – Microsoft/Skype, 7 Oct. 2011

14. AT.39740 – Google Search (Shopping)

15. United Brands v. Commission, Case 27/76[1978]ECR 207：1 CMLR 429

16. Case COMP/M.4731 Google/DoubleClick,11 March 2008

17. Case No COMP/M.5727 Microsoft/Yahoo!

18. Google/DoubleClick, Case COMP/M.4731, Commission decision of March 11, 2008

19. HiQ vs. LinkedIn, Case No. 17 – cv – 03301 – EMC

20. PeopleBrowsr, Inc. et al. v. Twitter, Inc. 2013 WL 843032 (N.D. Cal.2013)

五、报纸

1. 周慧:《如何监管数据寡头的垄断》,载《21 世纪经济报道》2017 年 6 月 12 日,第 6 版。

2. 叶明、张洁:《数据垄断中的几个焦点问题》,载《人民法院报》2018 年 12 月 5 日,第 7 版。

六、网络资料

1. James Mancini, How can competition law tackle misconduct in digital markets,https://oecdonthelevel.com/2020/10/14/how-can-competition-law-tackle-misconduct-in-digital-markets/,2017.

2. 董大正:《<反垄断法>修订背景下需要加强对国际案例的研究》,载《经济日报》2020 年 11 月 1 日,http://www.ce.cn/xwzx/gnsz/2008/202001/07/t20200107_34061423.shtml。

3. 市场监管总局:《关于平台经济领域的反垄断指南(征求意见稿)》,2020 年 11 月 5 日,http://www.samr.gov.cn/hd/zjdc/202011/t20201109_323234.html?utm_source=ZHShareTargetIDMore。

4. 杨婕:《透视"数字守门人"制度:对大型平台的事前监管机制》,载 CAICT 互联网法律研究中心 2020 年 10 月 12 日,https://www.secrss.com/articles/31435。

5. 康恺:《德国修法加强对数字经济的干预与监管》,载《第一财经》2020 年 11 月 2 日,https://www.yicai.com/news/100493009.html。

6. 张江莉:《数据再使用背景下的数据竞争界限》,载中国知识产权资讯网 2021 年 4 月 5 日,http://www.cipnews.com.cn/cipnews/news_content.aspx?newsId=121232。

7. 王海燕、吴頔:《上海数据立法:能不能、要不要为数字经济时代的"石油"确权》,载上观新闻 2021 年 7 月 12 日,https://export.shobserver.com/baijiahao/html/371610.html。

8. 海洋:《欧盟指控亚马逊滥用"大数据"》,载新华社新媒体 2021 年 3 月 12 日,https://baijiahao.baidu.com/s?id=1683060330384353566&wfr=spider&fo

r=pc。

9. 金旻矣:《数读大数据杀熟"反杀教程",我太南了!》,载新民网报2021 年 8 月 1 日,https://baijiahao.baidu.com/s?id=1705422728431658160&wfr=spider&for=pc。